ESTRANHO FAMILIAR

Obras de Zygmunt Bauman:

- 44 cartas do mundo líquido moderno
- Amor líquido
- Aprendendo a pensar com a sociologia
- A arte da vida
- Babel
- Bauman sobre Bauman
- Capitalismo parasitário
- Cegueira moral
- Comunidade
- Confiança e medo na cidade
- A cultura no mundo líquido moderno
- Danos colaterais
- O elogio da literatura
- Em busca da política
- Ensaios sobre o conceito de cultura
- Estado de crise
- Estranho familiar
- Estranhos à nossa porta
- A ética é possível num mundo de consumidores?
- Europa
- Globalização: as consequências humanas
- Identidade
- A individualidade numa época de incertezas
- Isto não é um diário
- Legisladores e intérpretes
- Mal líquido
- O mal-estar da pós-modernidade
- Medo líquido
- Modernidade e ambivalência
- Modernidade e Holocausto
- Modernidade líquida
- Nascidos em tempos líquidos
- Para que serve a sociologia?
- O retorno do pêndulo
- Retrotopia
- A riqueza de poucos beneficia todos nós?
- Sobre educação e juventude
- A sociedade individualizada
- Tempos líquidos
- Vida a crédito
- Vida em fragmentos
- Vida líquida
- Vida para consumo
- Vidas desperdiçadas
- Vigilância líquida

Zygmunt Bauman
Peter Haffner

ESTRANHO FAMILIAR

Conversas sobre o mundo em que vivemos

Tradução:
Pedro Maia Soares

Copyright © 2017 by Peter Haffner

Grafia atualizada segundo o Acordo Ortográfico da Língua Portuguesa de 1990, que entrou em vigor no Brasil em 2009.

Título original: Das Vertraute unvertraut machen

Traduzido da edição inglesa: Making the Familiar Unfamiliar: A Conversation with Peter Haffner

Capa e imagem: Bruno Oliveira

Preparação: Angela Ramalho Vianna

Revisão: Jane Pessoa, Clara Diament

Dados Internacionais de Catalogação na Publicação (CIP)
(Câmara Brasileira do Livro, SP, Brasil)

Bauman, Zygmunt
 Estranho familiar : Conversas sobre o mundo em que vivemos / Zygmunt Bauman e Peter Haffner ; tradução Pedro Maia Soares. — 1ª ed. — Rio de Janeiro : Zahar, 2021.

 Título original: Making the Familiar Unfamiliar : A Conversation with Peter Haffner
 ISBN 978-85-378-1910-4

 1. Civilização moderna – Século 20 2. Bauman, Zygmunt, 1925-2017 – Entrevistas 3. Sociólogos – Polônia – Entrevistas 4. Sociologia – Filosofia I.Haffner, Peter. II. Título.

20-52741   CDD-301.092

Índice para catálogo sistemático:
1. Sociólogos : Entrevistas 301.092

Cibele Maria Dias — Bibliotecária — CRB-8/9427

[2021]
Todos os direitos desta edição reservados à
EDITORA SCHWARCZ S.A.
Praça Floriano, 19, sala 3001 — Cinelândia
20031-050 — Rio de Janeiro — RJ
Telefone: (21) 3993-7510
www.companhiadasletras.com.br
www.blogdacompanhia.com.br
www.zahar.com.br
facebook.com/editorazahar
instagram.com/editorazahar
twitter.com/editorazahar

· Sumário ·

Prefácio   7

1. Amor e gênero   11
A escolha de um parceiro: Por que estamos
perdendo a capacidade de amar

2. Experiência e lembrança   19
Destino: Como fazemos a história que nos faz

3. Judaicidade e ambivalência   36
Adaptação: Por que os judeus foram atraídos para o comunismo?

4. Intelecto e compromisso   50
Sociologia: Por que ela não deve separar
a experiência objetiva da pessoal

5. Poder e identidade   62
Modernidade: Sobre a compulsão de não ser ninguém,
ou se tornar outra pessoa

6. Sociedade e responsabilidade   77
Solidariedade: Por que cada um se torna o inimigo do outro

7. Religião e fundamentalismo   97
O fim do mundo: Por que é importante acreditar
em um Deus (inexistente)

8. Utopia e história   109
Viagem no tempo: Onde está o "além" hoje?

9. Presente e futuro   117
Lixo humano: Quem são as bruxas da sociedade moderna

10. Felicidade e moral   133
A vida boa: O que significa tirar os sapatos que estão apertados demais?

Notas   145

· Prefácio·

Quando visitei Zygmunt Bauman pela primeira vez, fiquei espantado com o que parecia uma contradição entre a pessoa e sua obra. Aquele que era provavelmente o mais influente sociólogo europeu, alguém cuja raiva em relação à condição do mundo se fazia sentir em cada linha que escrevia, encantou-me com a ironia de seu senso de humor. Seu charme era cativante, sua *joie de vivre*, contagiante.

Depois de se aposentar da Universidade de Leeds em 1990, Zygmunt Bauman publicou livro após livro num ritmo quase assustador. Os temas dessas obras vão da intimidade à globalização, dos reality shows ao Holocausto, do consumismo ao ciberespaço. Ele foi chamado de "chefe do movimento antiglobalização", "líder do movimento Occupy" e "profeta da pós-modernidade". É lido em todo o mundo e considerado um estudioso verdadeiramente excepcional no campo das humanidades, cuja fragmentação em áreas de pesquisa separadas, delineadas com nitidez e protegidas com zelo ele ignorou com a curiosidade insaciável de um homem do Renascimento. Suas reflexões não distinguem entre o político e o pessoal. Por que perdemos a capacidade de amar, por que achamos difícil fazer julgamentos morais? Ele investiga os aspectos sociais e pessoais dessas questões com o mesmo rigor.

Foi essa visão épica do mundo que me fascinou quando comecei a ler seus livros. É impossível ficar indiferente ao que Zygmunt Bauman escreve, mesmo que não se concorde com uma ou outra das afirmações que ele faz — ou, na verdade, mesmo que se discorde dele completamente. Quem se envolve em sua obra sai dela vendo o mundo e a si mesmo de forma diferente. Zygmunt Bauman descreveu sua tarefa como a de tornar o familiar estranho e o estranho familiar. Isso, disse ele, é o trabalho da sociologia em si.

A tarefa só pode ser realizada por alguém que tem em vista o ser humano como um todo e que vai além de sua disciplina particular, adentrando a filosofia, psicologia, antropologia, história, arte e literatura. Zygmunt Bauman não gosta de minúcias, análises estatísticas, pesquisas, números, fatos ou projeções. Ele pinta seus quadros com um pincel largo numa tela grande, elabora afirmações, introduz novas teses nas discussões e provoca disputas. Nos termos da famosa tipologia de pensadores e escritores criada por Isaiah Berlin — baseada no ditado do poeta grego Arquíloco, que declara que "a raposa sabe muitas coisas, mas o ouriço sabe *uma única* grande coisa" —, Zygmunt Bauman é ao mesmo tempo ouriço e raposa.[1] Ele introduziu o conceito de "modernidade líquida" para descrever nossos tempos atuais, em que todos os aspectos da vida — amor, amizade, trabalho, lazer, família, comunidade, sociedade, religião, política e poder — se transformam numa velocidade sem precedentes. "Minha vida é gasta reciclando informações", disse ele certa vez. Isso parece modesto, até que se veja a quantidade de material envolvido.

Numa época marcada pelo medo e pela insegurança, em que muitas pessoas se deixam levar pelas soluções simples oferecidas pelo populismo, mais do que nunca é necessária uma análise crítica dos problemas e contradições da sociedade e do mundo. Essa análise é uma precondição essencial se quisermos ser capazes de pensar em alternativas, mesmo que não sejam de fácil acesso. Zygmunt Bauman, ex-comunista, nunca deixou de acreditar na possibilidade de uma sociedade melhor, apesar de todos os sonhos que fracassaram. Seu interesse nunca esteve nos vencedores, mas nos perdedores, nos desarraigados e privados de direitos, no número crescente de desprivilegiados — não só pessoas negras pobres do Sul global, mas também membros da força de trabalho ocidental. O medo de que o solo, que parecia sólido como uma rocha durante os bons e velhos anos do pós-guerra, esteja cedendo é hoje um fenômeno mundial, e as classes médias não são poupadas. Em um clima que pede que aceitemos os fatos e entendamos o mundo, a exemplo de Leibniz, como o melhor de todos os mundos possíveis, Zygmunt Bauman defende o momento da utopia, não como projeto para algum futuro castelo no ar, mas como incentivo para melhorar as condições em que vivemos aqui e agora.

Zygmunt Bauman me acolheu em sua casa em Leeds, Inglaterra, para quatro longas conversas sobre a obra de sua vida. O encantador jardim da frente, com suas cadeiras forradas de musgo e a mesa coberta de arbustos, fica à beira de uma estrada movimentada, como se quisesse ilustrar que só através da contradição as coisas se mostram totalmente claras. Aos noventa anos, Zygmunt Bauman era um homem alto, esguio e tão animado e perspicaz como sempre. Acompanhava suas ponderações com ampla gesticulação, como se fosse um maestro; para enfatizar uma afirmação, batia com o punho no braço da cadeira. Ao falar sobre a perspectiva da morte, fazia-o com a compostura de quem — como soldado da Segunda Guerra Mundial, judeu polonês, refugiado na Rússia soviética e vítima do expurgo antissemita da Polônia em 1968 — experimentou em primeira mão o lado escuro da "modernidade líquida" da qual se tornara o teórico.

A cada encontro, a mesa de centro estava abarrotada de croissants, biscoitos, canapés, tortas de frutas, bolos e mousse de caranguejo, acompanhados de bebidas quentes e frias, sucos e *kompot* polonesa. Enquanto compartilhava seus pensamentos comigo, meu anfitrião também não deixava de me lembrar que eu me servisse de todas as delícias postas diante de mim.

Zygmunt Bauman falou sobre a vida e as tentativas de moldá-la que são sistematicamente frustradas pelo destino; falou também sobre o esforço de, em meio a tudo isso, continuar a ser alguém que possa se olhar no espelho. Sua esperança, disse ele, segurando minhas duas mãos ao se despedir, era de que eu vivesse para ser tão velho quanto ele, porque cada idade, apesar de todas as suas tribulações, tem sua beleza.

Zygmunt Bauman morreu em 9 de janeiro de 2017 em sua casa, em Leeds.

Essas conversas finais com Bauman, espero, serão retomadas e continuadas pelo leitor com outras pessoas e em outros lugares.

PETER HAFFNER,
janeiro de 2017[2]

· 1 ·

Amor e gênero

A escolha de um parceiro: Por que estamos
perdendo a capacidade de amar

PETER HAFFNER: Comecemos com a coisa mais importante: o amor.
Você diz que estamos perdendo a capacidade de amar. O que o leva
a essa conclusão?

ZYGMUNT BAUMAN: A tendência de buscar parceiros na internet
segue a tendência de comprar pela internet. Eu mesmo não gosto
de ir às lojas; a maioria das coisas, como livros, filmes, roupas,
compro on-line. Se você quer um casaco novo, o site da loja on-
-line mostra um catálogo. Se você está procurando um novo parceiro, o site de namoro também mostra um catálogo. O padrão
de relacionamento entre cliente e mercadoria se torna o padrão
de relacionamento entre seres humanos.

PH: Como isso é diferente de outros tempos, quando você conhecia
seu futuro companheiro de vida na festa do vilarejo ou, se morava
na cidade, num baile? Havia preferências pessoais envolvidas nisso
também, não é?

ZB: Para os indivíduos tímidos, a internet de fato é útil. Eles não
precisam ter medo de enrubescer quando se aproximam de uma
mulher. É mais fácil para eles estabelecer uma conexão, ficam

menos inibidos. Mas o namoro on-line implica tentar definir as características do parceiro de acordo com seus próprios desejos. Ele ou ela é escolhido de acordo com a cor do cabelo, a altura, a constituição física, a medida do busto, a idade e os interesses, hobbies, preferências e aversões. Isso se baseia na ideia de que o objeto do amor pode ser montado a partir de uma série de propriedades físicas e sociais mensuráveis. Perdemos de vista o fator decisivo: a pessoa humana.

PH: Mas mesmo quando definimos nosso "tipo" dessa forma, não muda tudo assim que encontramos a pessoa concreta? Afinal, essa pessoa é muito mais do que a soma de suas propriedades externas.

ZB: O perigo é que a forma das relações humanas assuma a forma da relação que se tem com os objetos de uso diário. Eu não juro ser fiel a uma cadeira — por que devo jurar que vou mantê-la como minha cadeira até o dia da minha morte? Se não gosto mais dela, compro uma nova. Não é um processo consciente, mas aprendemos a ver o mundo e os seres humanos dessa maneira. O que acontece quando encontramos alguém que é mais atraente? É como o caso da boneca Barbie: assim que uma nova versão chega ao mercado, a antiga é trocada por ela.

PH: Você quer dizer que nos separamos prematuramente?

ZB: Entramos num relacionamento porque esperamos tirar satisfação dele. Se acharmos que outra pessoa nos dará mais satisfação, encerramos o relacionamento atual e começamos um novo. O início de um relacionamento requer um acordo entre duas pessoas; para terminá-lo, basta apenas uma pessoa. Isso significa que ambos os parceiros vivem com medo constante de serem abandonados, de serem descartados como um casaco que saiu de moda.

PH: Bem, isso faz parte da natureza de qualquer acordo.

ZB: Certo. Mas nos tempos antigos era quase impossível terminar um relacionamento, mesmo que ele não fosse satisfatório. O divórcio era difícil e as alternativas ao casamento praticamente inexistentes. Você sofria, mas continuava junto.

PH: E por que a liberdade de se separar seria pior que a obrigação de ficar junto e ser infeliz?

ZB: Você ganha alguma coisa, mas também perde alguma coisa. Você tem mais liberdade, mas sofre porque seu parceiro também tem mais liberdade. Isso leva a uma vida em que relacionamentos e parcerias se formam seguindo o modelo de compra a prestação. Quem pode deixar os laços para trás não precisa se esforçar para preservá-los. O ser humano só é considerado valioso na medida em que proporciona satisfação. Isso se baseia na crença de que laços duradouros atrapalham a busca da felicidade.

PH: E isso, como você diz em *Amor líquido*, seu livro sobre amizade e relacionamentos, está errado.[1]

ZB: É o problema do "amor líquido". Em tempos turbulentos, você precisa de amigos e parceiros que não o decepcionem, que estejam disponíveis quando você precisar deles. O desejo de estabilidade é importante na vida. A avaliação do Facebook em 16 bilhões de dólares é baseada na necessidade de não se estar sozinho. Mas, ao mesmo tempo, tememos o compromisso de nos envolvermos com alguém e ficarmos presos. O medo é de perder alguma coisa. Você quer um porto seguro, mas, ao mesmo tempo, quer ter as mãos livres.

PH: Durante 61 anos você foi casado com Janina Lewinson, que morreu em 2009. Em suas memórias, *A Dream of Belonging* [Um sonho de pertencimento],[2] ela escreve que, depois do primeiro encontro, você nunca mais saiu do lado dela. Você sempre dizia "Que feliz coincidência", porque tinha de ir aonde ela queria! E quando ela lhe contou que estava grávida, você dançou na rua e a beijou — e estava vestido com o uniforme de capitão do Exército polonês, o que causou um certo rebuliço. Mesmo depois de décadas de casamento, Janina relata que você ainda lhe mandava cartas de amor. O que é o amor verdadeiro?

ZB: Quando vi Janina, soube imediatamente que não precisava procurar mais. Foi amor à primeira vista. Em nove dias, eu a pedi em casamento. O amor verdadeiro é aquela alegria indefinível mas avassaladora do "eu e você", de estar presente um para o outro, tornar-se um, a alegria de fazer a diferença em algo que é importante não somente para você. Ser necessário, ou mesmo insubstituível, é uma sensação estimulante. É difícil de se conseguir. E é inatingível se você permanecer na solidão do egocêntrico, que só se interessa por si mesmo.

PH: O amor exige sacrifício, então.

ZB: Se a natureza do amor consiste na vontade de sempre estar ao lado do objeto de seu amor, de apoiá-lo, encorajá-lo e elogiá--lo, então o amante deve estar preparado para colocar o interesse próprio em segundo lugar, depois da pessoa amada — deve estar preparado para considerar sua própria felicidade uma questão secundária, um efeito colateral da felicidade do outro. Para usar as palavras do poeta grego Luciano, o amado é aquele a quem se "promete o próprio destino". Ao contrário da sabedoria predominante, numa relação amorosa, altruísmo e egoísmo não são opostos irreconciliáveis. Eles se unem, se amalgamam e finalmente não podem mais ser distinguidos ou separados um do outro.

PH: A escritora americana Colette Dowling apelidou o medo da independência das mulheres de "complexo de Cinderela". Ela chama o desejo de segurança, de afeição e de ser cuidada de uma "emoção perigosa", e exorta as companheiras a não se privarem de sua liberdade. Em que você discorda dessa advertência?

ZB: Dowling alertou contra o impulso de cuidar dos outros e, assim, perder a possibilidade de entrar, sempre que se quiser, na última onda. É típico das utopias privadas dos cowboys e cowgirls da era do consumo exigirem para si um enorme grau de liberdade. Eles acham que o mundo gira em torno deles, e as performances que almejam são atos solo. Eles nunca se cansam disso.

PH: A Suíça em que cresci não era uma democracia. Até 1971, as mulheres — ou seja, metade da população — não tinham direito ao voto. O princípio de salário igual para trabalho igual ainda não foi implantado e as mulheres estão sub-representadas nos conselhos. Não há uma série de boas razões para as mulheres se libertarem de suas dependências?

ZB: Direitos iguais nessas áreas são importantes. Mas há dois movimentos dentro do feminismo que devem ser diferenciados. Um deles quer tornar as mulheres indistinguíveis dos homens. As mulheres devem servir ao Exército e ir para a guerra, e elas perguntam: por que não podemos matar a tiros outras pessoas quando os homens têm permissão para isso? O outro movimento quer tornar o mundo mais feminino. As forças militares, a política, tudo o que foi criado foi criado por homens para homens. Muito do que está errado hoje é resultado desse fato. Direitos iguais — claro. Mas as mulheres deveriam simplesmente buscar os valores que foram criados pelos homens?

PH: Numa democracia, não se trata de uma decisão que deve ser deixada para as próprias mulheres?

ZB: Bem, de qualquer modo, não espero que o mundo venha a ser muito melhor se as mulheres funcionarem da mesma forma que os homens faziam e fazem.

PH: Nos primeiros anos de seu casamento, você era um dono de casa avant la lettre. Você cozinhava e cuidava de duas filhas pequenas, enquanto sua esposa trabalhava num escritório. Isso era bastante incomum na Polônia daqueles dias, não era?

ZB: Não era tão incomum, embora a Polônia fosse um país conservador. Nesse aspecto, os comunistas eram revolucionários, pois consideravam homens e mulheres iguais como trabalhadores. A novidade na Polônia comunista era que um grande número de mulheres trabalhava em fábricas ou escritórios. Naquela época, você precisava de duas rendas para sustentar uma família.

PH: Isso levou a uma mudança na posição das mulheres e, portanto, a uma mudança nas relações entre os sexos.

ZB: Foi um fenômeno interessante. As mulheres tentavam se entender como agentes econômicos. Na antiga Polônia, o marido era o único provedor, responsável por toda a família. Porém, na verdade as mulheres davam uma enorme contribuição para a economia. A mulher cuidava de muita coisa, mas isso não contava e não se traduzia em valor econômico. Só para dar um exemplo, quando se abriu a primeira lavanderia na Polônia, possibilitando que outra pessoa lavasse a sua roupa, isso economizou uma enorme quantidade de tempo. Lembro que minha mãe passava dois dias por semana lavando, secando e passando a roupa para toda a família. Mas as mulheres relutavam em fazer uso do novo serviço. Os jornalistas queriam saber por quê. Haviam dito às mulheres que ter outra pessoa lavando suas roupas era muito mais barato do que elas mesmas fazerem esse serviço. "Como assim?", exclamaram elas, e apresentaram aos jornalistas um cálculo que mostrava que o custo total com sabão em pó, sabão e combustível para os fogões usados para aquecer a água era inferior ao de ter tudo lavado na lavanderia. Mas elas não incluíram seu trabalho no cálculo. Não lhes ocorreu a ideia de que seu trabalho também tinha um preço.

PH: Isso não foi diferente no Ocidente.

ZB: Demorou vários anos até que a sociedade se acostumasse ao fato de que o trabalho doméstico feito por mulheres também tinha uma etiqueta de preço. Mas quando as pessoas ficaram sabendo disso, logo restaram muito poucas famílias com donas de casa tradicionais.

PH: Em suas memórias, Janina conta que você cuidou de tudo quando ela adoeceu de febre puerperal após o nascimento de suas filhas gêmeas. Você se levantava à noite quando os bebês, Lydia e Irena, choravam, dava-lhes mamadeira; trocava as fraldas, lavava-as de manhã e pendurava para secar no quintal. Você levava Anna, sua filha mais velha, para a creche e a buscava depois. Esperava nas longas filas em frente às lojas para fazer compras. E tudo isso ao mesmo tempo que cumpria seus deveres de professor, supervisionava os alunos, redigia sua dissertação e participava de reuniões políticas. Como você conseguia fazer tudo isso?

ZB: Como era a norma na vida acadêmica daquela época, eu era mais ou menos capaz de dispor do meu tempo como queria. Eu ia para a universidade quando precisava, para dar um seminário ou uma aula. Afora isso, era um homem livre. Podia ficar na minha sala ou ir para casa, passear, dançar, fazer o que quisesse. Janina, em comparação, trabalhava num escritório. Ela revisava roteiros; era tradutora e editora na estatal polonesa de cinema. Havia um relógio de ponto lá, e, portanto, era evidente que eu precisava estar presente para as crianças e as tarefas domésticas sempre que ela estivesse no escritório ou doente. Isso não gerava nenhuma tensão; era ponto pacífico.

PH: Janina e você cresceram em circunstâncias diferentes. Ela vinha de uma família rica de médicos; na sua família, o dinheiro sempre foi curto. E Janina provavelmente não estava preparada para ser dona de casa, para cozinhar, limpar, fazer todo o trabalho que na casa dos pais dela era feito por empregadas domésticas.

ZB: Eu cresci na cozinha. Cozinhar era um trabalho de rotina para mim. Janina cozinhava quando era necessário. Ela seguia as receitas, com um livro diante dela — terrivelmente chato. Por isso ela não gostava de cozinhar. Eu observava minha mãe fazer milagres no fogão todos os dias, criando alguma coisa do nada. Tínhamos pouco dinheiro e ela era capaz de criar uma refeição saborosa, mesmo com os piores ingredientes. Desse modo, adquiri naturalmente a habilidade de cozinhar. Não é um talento nem fui ensinado. Eu apenas observei como era feito.

PH: Janina disse que você é a "mãe judia". Hoje você ainda adora cozinhar, embora não precise disso.

ZB: Eu adoro porque cozinhar é criativo. Percebi que aquilo que se faz na cozinha se parece muito com o que se faz no computador quando se escreve: cria-se alguma coisa. É um trabalho criativo: interessante, não enfadonho. Além do mais, um bom casal não é uma combinação de duas pessoas idênticas. Um bom casal é aquele em que os parceiros se complementam. O que falta a um deles, o outro possui. Foi o que aconteceu comigo e Janina. Ela não gostava muito de cozinha; eu gostava — e assim nos complementamos.

· 2 ·

Experiência e lembrança

Destino: Como fazemos a história que nos faz

PETER HAFFNER: Em 1946, você entrou para o Partido dos Trabalhadores Poloneses (PPR), o partido comunista da Polônia, um ano antes de Leszek Kołakowski, o filósofo que deu aulas no All Souls College de Oxford e morreu em 2009. Em 1968, você deixou o partido, dois anos depois de Kołakowski ser expulso. Diferente de você, ele mais tarde se tornou um antimarxista declarado.

ZYGMUNT BAUMAN: Kołakowski e eu não coordenamos nossa adesão ao partido comunista. Não tínhamos notícia um do outro; ainda não tínhamos nos conhecido. Quando, em retrospecto, tentamos lembrar de nossos sentimentos na época, primeiro na Polônia, depois no exílio e, finalmente, após a queda do Muro de Berlim em 1989, concordamos num ponto: ambos acreditamos que o programa dos comunistas poloneses em 1944-5 era o único que nos dava alguma razão para ter esperança de que nosso país poderia escapar do atraso da era do pré-guerra e do cataclismo da guerra; que era o único programa que poderia resolver os problemas nacionais de degeneração moral, analfabetismo, pobreza e injustiça social. Os comunistas queriam dar terras a agricultores pobres, melhorar as condições de vida dos operários nas fábricas, nacionalizar a indústria. Queriam proporcionar educação universal — e essa promessa eles realmente cumpriram. Houve uma revolução na educação e, apesar de todo o nepotismo econômico, a cultura floresceu: o cinema polonês, o teatro polonês e a literatura polonesa eram de primeira classe. Isso já não acontece na Polônia hoje. No meu livro *A arte da vida*...[1]

PH: Um livro maravilhoso, meu livro preferido...

ZB: ... nesse livro, elaboro a ideia de que a jornada da vida humana se baseia em dois fatores que interagem. Um é o destino. "Destino" é uma palavra curta para aquelas coisas sobre as quais não temos controle. E o outro fator são as opções realistas possibilitadas pelo destino. Uma garota de Nova York, nascida no Harlem, tem um destino diferente de uma garota nascida perto do Central Park. O conjunto de opções que elas possuem é diferente.

PH: Mas ambas têm esse conjunto, têm uma escolha. O que então determina quais possibilidades alguém tenta realizar?

ZB: O caráter. Não podemos escapar do conjunto de opções realistas que o destino nos apresenta, mas pessoas diferentes farão escolhas diferentes, e isso é uma questão de caráter. É por isso que há tantos motivos para pessimismo quanto para otimismo: pessimismo porque há limites insuperáveis para as possibilidades que se abrem para nós, que é o que chamamos de destino; e otimismo porque podemos trabalhar nosso caráter de uma forma que não podemos em nosso destino. Não tenho nenhuma responsabilidade pelo meu destino; ele é uma decisão de Deus, se você quiser. Mas sou responsável pelo meu caráter porque ele é algo que pode ser formado, purificado e aprimorado.

PH: Como é isso no seu caso?

ZB: Minha própria jornada, como qualquer outra, foi uma combinação de destino e caráter. Eu não podia fazer nada a respeito do meu destino. No que diz respeito ao meu caráter, não pretendo que seja perfeito, mas assumo a responsabilidade por todas as decisões que tomei. Isso é irreversível. Fiz o que fiz, e só o destino não é suficiente para explicar.

PH: Olhando para trás, para sua vida, o que você faria de diferente?

ZB: O que eu faria de diferente? Ah, não, eu não respondo a esse tipo de pergunta.

PH: O.k.

ZB: O que eu faria de diferente? Quando ainda era muito jovem, ainda menino, escrevi um romance, uma biografia de Adriano, o imperador romano. Durante minha pesquisa, encontrei uma frase que nunca esqueci. É sobre a falta de sentido de se refletir sobre questões como "O que você teria feito de diferente?". Ela diz: "Se o cavalo de Troia tivesse descendentes, a manutenção dos cavalos seria muito barata".

PH: O poder e a impotência da palavrinha "se".

ZB: A questão, evidentemente, é que o cavalo de Troia não poderia ter filhos porque era feito de madeira. Essa é a resposta à pergunta sobre o que eu teria feito de forma diferente. Como o curso subsequente da história teria se alterado se você tivesse feito algo diferente? Não atribuo nenhuma importância particular às minhas próprias decisões. Elas foram tomadas dentro da lógica da época. Mudanças muito importantes aconteceram na minha vida sem que eu tivesse nada a ver com elas, sem eu tomar a iniciativa. Que eu tivesse de fugir de Poznań, tivesse de deixar a Polônia quando os nazistas chegaram, isso não resultou do meu desejo nem da minha vontade. O que eu de fato decidi foi entrar para o partido comunista depois da guerra. Tendo em vista as circunstâncias da época, e tendo em vista minha própria experiência, isso era a melhor coisa que eu poderia pensar e fazer. Eu não estava sozinho nessa crença, e muitos daqueles que mais tarde se tornaram anticomunistas fervorosos tomaram a mesma decisão que eu — inclusive, por exemplo, Leszek Kołakowski.

PH: Janina, que aderiu ao partido comunista por influência sua, descreve o choque que levou ao saber que informações sobre uma de suas colegas, que ela transmitiu a um camarada, levaram a colega ao ostracismo. Você lhe explicou, diz ela, que o partido, apesar de estar "ainda cheio de indivíduos não confiáveis, carreiristas implacáveis e membros imaturos", era "a força mais forte para a justiça social". Era impossível "fazer uma revolução sem prejudicar inadvertidamente pessoas inocentes". Mais tarde, nem Kołakowski nem você procuraram se esconder atrás desse tipo de justificativa.

ZB: Nossos processos individuais de desencanto, a lenta mas inexorável consciência do abismo que separa a teoria da prática e a percepção dos efeitos morais patológicos da hipocrisia que estava associada a isso ocorreram mais ou menos em paralelo. Exceto por uma coisa: a ilusão de que o partido ainda poderia ser trazido de volta ao caminho certo, ao caminho do qual se desviara — de que seus erros grosseiros poderiam ser corrigidos por dentro. A essa ilusão sucumbi por um ou dois anos a mais que Leszek, fato do qual ainda me envergonho. Porém, mais tarde, no exílio, nossas atitudes divergiram amplamente. Ao contrário de Leszek, nunca aderi ao campo político oposto, muito menos mostrei qualquer entusiasmo por ele. Eu ainda sou socialista.

PH: Você foi soldado na divisão polonesa do Exército Vermelho e, depois da guerra, oficial do Korpus Bezpieczeństwa Wewnętrznego (KBW), ou Corpo de Segurança Interna. Além do treinamento militar, havia também educação política ou, como se poderia dizer, doutrinação?

ZB: Durante a guerra contra os ocupantes alemães, houve muito pouco disso. O único objetivo era acabar com a ocupação, e o que aconteceria com a Polônia depois disso continuava a ser uma questão de menor importância. Isso mudou quando as operações militares terminaram. Os soldados do KBW representavam uma seção transversal da população. Assim, as perspectivas e preferências diferiam, refletindo os cismas dentro da sociedade polonesa. Além das virtudes usuais do soldado, o tema principal da instrução política era uma questão ainda em aberto: "De que Polônia os poloneses precisam com mais urgência?". "Marxismo--leninismo versus filosofia burguesa" pode ter sido o tema principal no mundo acadêmico, mas entre os soldados as perguntas eram: "Quem é o dono das fábricas?" e "Quem é o dono das terras cultiváveis?".

PH: Em 2007, o historiador polonês-alemão Bogdan Musiał o atacou com base em sua participação no KBW, mas não encontrou nenhuma prova de que você estivesse envolvido em assassinato, tortura ou espionagem de militantes anticomunistas, atividades das quais o KBW foi acusado.

ZB: As coisas que são verdadeiras no artigo de Musiał publicado no *Frankfurter Allgemeine Zeitung* não são novidade. Todos sabiam que eu havia sido comunista entre 1946 e 1967, e também que tinha servido no chamado "exército interno" por vários anos.[2] O que o artigo dele revelou foi somente que eu também trabalhei para o serviço de inteligência militar. Eu tinha dezenove anos na época, e só fiz isso por três anos. Nunca tornei isso público porque havia assinado um documento em que me comprometia a guardar segredo.

PH: Qual era a sua tarefa, então?

ZB: Nada de especial: trabalho enfadonho de escritório. Eu estava na divisão de propaganda e agitação. Tinha de preparar material para a formação teórica e prática dos recrutas, redigir panfletos ideológicos. Felizmente, para mim, isso logo acabou.

PH: Um protocolo citado por Musiał diz do "informante Semion", que era seu codinome: "A informação dele é valiosa. Pela origem semítica, ele não pode ser usado para trabalho operacional". Sua tarefa era coletar informações sobre os inimigos do regime?

ZB: Era o que provavelmente esperavam de mim, mas não me lembro de ter fornecido nada dessa natureza. Eu ficava sentado num escritório escrevendo — o que não é bem o tipo de lugar onde você obtém essas informações. O que Musiał não diz é que, embora eu possa ter trabalhado por três anos para a inteligência militar, fui monitorado pelo serviço secreto por quinze anos. Fui espionado, redigiram-se relatórios a meu respeito, meu telefone e meu apartamento foram grampeados e tudo o mais. Por ser um crítico do regime, fui expulso do Exército, depois da universidade e, por fim, da Polônia.

PH: Depois dos levantes húngaros de 1956, você estava entre os rebeldes do partido. Janina conta que você e sua família foram perseguidos e maltratados. Para se casar com ela, você precisou da permissão de seu superior militar, o coronel Zdzisław Bibrowski. Como você, ele era comunista, mas aparentemente também não era leal à linha do partido.

ZB: Com Bibrowski aprendi a distinguir entre corpos sociais saudáveis e tumores cancerosos. Ele abriu meus olhos para a enorme discrepância entre a ideia socialista, com a qual eu estava comprometido de todo o coração, e o "socialismo realmente existente", com o qual eu tinha sérias dificuldades muito antes de Rudolf Bahro, dissidente da República Democrática Alemã, cunhar a expressão em 1977, e também muito antes de eu ser forçado a deixar a Polônia. Bibrowski me mostrou que ser leal à ideia de socialismo exige que você lute com unhas e dentes para que ela não seja diluída ou corrompida. Depois de aprender essa lição, nunca mais a esqueci.

PH: Janina conta que Bibrowski foi afastado do cargo em 1952 porque era judeu.

ZB: Suspeito que mais cedo ou mais tarde ele teria de sair por causa dos seus pontos de vista. Ele era um intelectual do mais alto calibre, um homem com mente aberta e crítica que reuniu ao seu redor jovens oficiais com qualidades semelhantes e os protegeu contra a "limpeza". Ele foi considerado inadequado no contexto de rápida profissionalização do serviço de segurança do Estado. Bibrowski não era anticomunista — muito pelo contrário. Ele se rebelou em nome de sua crença, do comunismo, contra o abuso, contra a corrupção e a perversão. Era um homem que queria servir ao regime, bem como preservar sua própria humanidade e, desse modo, proteger a humanidade dos outros. Mas como diz o ditado atribuído a Aristóteles, *Amicus Plato, sed magis amica veritas.* "Eu amo Platão, porém amo a verdade ainda mais." Bibrowski voltou à profissão de engenheiro. Pouco depois, o pequeno grupo que ele havia colocado sob sua proteção seguiu seu exemplo, eu entre eles.

PH: E você também não fez isso de forma voluntária. Em janeiro de 1953, você foi julgado politicamente não confiável e afastado do Exército. Dois meses depois, Stálin morreu. Na época, ele era admirado como um "grande homem", mesmo no Ocidente, alguém — como lembra Janina — "cujo punho de ferro esmagou o ogro fascista".[3] Como você vivenciou a morte de Stálin?

ZB: O choque foi enorme. Afinal, eu e muitos outros muito mais espertos que eu havíamos vivido por treze anos sob a vasta sombra projetada por esse homem — havíamos, em geral, confiado em sua sabedoria e confiado em seu julgamento. Até hoje, apesar de tudo o que sabemos agora sobre a psicologia do totalitarismo, acho difícil compreender completamente essa asfixia intelectual. Escreveram-se muitos volumes sobre o culto em torno de Stálin e Hitler. O fenômeno foi descrito em detalhes minuciosos e reconhecido como irremediavelmente incompreensível. Se você quiser se familiarizar com as experiências desse tipo de culto à personalidade, o melhor que pode fazer é ler *O fim do homem* *soviético*, da ganhadora do prêmio Nobel Svetlana Aleksiévitch.[4] Embora não seja exatamente capaz de fornecer uma explicação, ela chega mais perto de captar o fenômeno. Desnuda o enigma e proporciona um vislumbre de sua complexidade para pessoas que não o vivenciaram. Afora isso, estou atualmente assombrado pelo pesadelo de que esse tipo de culto possa voltar à moda em um futuro não muito distante.

PH: Até que ponto você se sentiu atraído pelo marxismo como teoria, como uma estrutura intelectual sofisticada?

ZB: Não acredito que quaisquer ideias sobre as relações de produção e as forças de produção, sobre a teoria do valor ou a emancipação da classe trabalhadora e outras semelhantes tenham desempenhado um papel decisivo na minha adesão ao comunismo. Não entrei nele pela porta da filosofia ou da economia política. Tratava-se mais de uma compreensão da situação presente que se combinava com uma visão romântica e rebelde da história e do papel que nós, os jovens, devíamos desempenhar, ou seja, concretizar essa visão. Como Leszek disse de forma tão bela em seu ensaio "A morte dos deuses", estávamos fascinados pelo "mito de um Mundo Melhor", pelo sonho de um "reino de igualdade e liberdade", a sensação de sermos "irmãos dos *communards* de Paris, dos trabalhadores durante a Revolução Russa, dos soldados na Guerra Civil Espanhola".[5]

PH: As memórias de Janina nos dizem que, após sua expulsão do Exército, a contradição entre as palavras e os atos do "socialismo realmente existente" deu a você a ideia de que, cem anos após sua criação, a teoria marxista também precisava receber uma nova interpretação. Qual é a sua opinião hoje? O que ainda é válido em Marx?

ZB: A análise dos mecanismos econômicos está, obviamente, ultrapassada. Marx escreveu em meados do século xix, numa situação totalmente diferente. Mas ele fez muitas observações importantes que ainda me guiam em meu trabalho. Uma delas, minha preferida, é a justificativa para a sociologia, sua genuína razão de ser. Marx diz: "Os homens fazem sua própria história, mas não a fazem do jeito que querem em circunstâncias que escolhem para si próprios; em vez disso, eles a fazem nas circunstâncias presentes, dadas e herdadas".[6] Este é o terreno no qual a existência da sociologia como ciência está enraizada. Você pode passar a vida inteira tentando compreender essa justificativa. As circunstâncias foram criadas, mas não as escolhemos. A questão é como elas surgiram e o que nos forçam a fazer, como lidamos com elas e como podemos mudá-las. Como nós — sob as pressões das condições atuais de vida e com o conhecimento dessas condições — criamos conscientemente a história? Esse é o segredo da nossa existência.

PH: O que isso significa para o seu tipo de sociologia em particular?

ZB: Inspirei-me, em particular, no que Antonio Gramsci, o filósofo italiano marxista e fundador do Partido Comunista Italiano, fez com esse pensamento marxista. Adoto a forma de abordagem dele, que chamo de hermenêutica sociológica — que não deve ser confundida com a sociologia hermenêutica como escola dentro da sociologia. O que importa são as ideias que as pessoas aceitam, os princípios orientadores que seguem. Hermenêutica sociológica significa refletir sobre as condições, as circunstâncias e a constituição da sociedade. Somos uma espécie natural condenada a pensar, *Homo sapiens*; vivenciamos as coisas, não as sofremos apenas fisicamente. As experiências são informações e desinformações das quais tentamos extrair sentido, criar ideias e a partir das quais tentamos fazer planos. A hermenêutica profissional, ao contrário, deriva as ideias de hoje de ideias anteriores, interpreta-as com base em seu passado, descobre como elas se multiplicam, produzem descendentes, procriam à vontade. Mas, em minha opinião, não é assim que as coisas acontecem. Devemos passar das ideias ao corpo da sociedade e tentar encontrar a conexão entre as duas. Aí é que está o problema, o problema que nos divide em diferentes facções políticas, partidos, afiliações e lealdades: o simples fato de que uma mesma experiência pode ser interpretada de maneiras diferentes. A ideia de Gramsci era a de uma filosofia de ideias hegemônicas, geralmente chamada de senso comum. A filosofia da hegemonia não é filosofia no sentido da crítica filosófica. Não consiste em reflexões sobre Kant, Leibniz e figuras assim, mas no que os gregos chamam de doxa, o "considerar verdadeira" alguma coisa: crença, em oposição a conhecimento. Doxa são pensamentos que não se pensam, mas com base nos quais se age. Eles estão sedimentados em algum lugar e formam a estrutura de nossa percepção do mundo. Graças a Gramsci, passei a maior parte da minha vida decifrando as ideias dominantes e hegemônicas como reações às condições da vida humana. Tento entender por que o neoliberalismo de repente se torna popular, ou por que há um retorno repentino do desejo por líderes fortes. Para mim, esses são os desafios.

PH: Você tinha dezoito anos quando se juntou ao exército do general Berling na União Soviética e foi enviado para a linha de frente. Que efeito teve sobre você a experiência da guerra, da devastação e da destruição da sua pátria, a Polônia, à qual voltou? Na União Soviética, você estudou física em seu tempo livre.

ZB: Quando voltei com o exército polonês que havia se formado na União Soviética, meu interesse já havia mudado das ciências naturais para as sociais. O que vi acelerou esse processo. Mesmo antes da ocupação alemã, havia grande pobreza na Polônia. Muitas pessoas estavam desempregadas ou subempregadas; a injustiça social era escandalosa. Após seis anos de ocupação alemã, estava ainda pior. As pessoas haviam sido humilhadas, a terra fora arrasada pelas linhas de frente que atravessaram seu território. Não foi nenhuma surpresa, então, eu ter mudado para os estudos sociais e políticos. Depois de deixar o Exército, dediquei-me totalmente a eles.

PH: O Regimento de Artilharia Ligeira ao qual você pertencia estava posicionado no Vístula, nos arredores de Varsóvia, enquanto os russos esperavam até que os alemães tivessem esmagado o levante, matado 200 mil habitantes e destruído a cidade. Em março de 1945, você foi ferido durante a batalha de Kołobrzeg, levado para um hospital militar e, posteriormente, participou da batalha por Berlim. Você ganhou a medalha por bravura. Pelo quê, exatamente?

ZB: Não sei. A medalha me foi concedida enquanto eu estava no hospital militar e só soube disso mais tarde, quando nenhum dos que me indicaram pôde ser contatado. Tudo o que posso dizer é que não fui mais corajoso que centenas de outros soldados poloneses. Não acho que minha participação no combate urbano tenha desempenhado um grande papel na captura de Kołobrzeg.

PH: E a batalha por Berlim?

ZB: Cheguei a Berlim em 3 de maio, a pé, vindo do hospital militar. Aqueles foram os últimos dias de luta, antes da capitulação da Alemanha em 8 de maio.

PH: Você aprendeu alguma coisa durante sua carreira militar que tenha influenciado seu trabalho intelectual?

ZB: Ao reconstruir minhas experiências da década de 1940, corro o risco de violar a exigência de Leopold von Ranke, que diz que a história deve relatar o fato "como realmente foi". A única coisa de que tenho certeza é que nunca tenho certeza se realmente relato como as coisas foram de fato. O passado fervilha de alusões e sugestões; é um campo muito mais fecundo para a especulação do que o futuro jamais será, embora o futuro não tenha qualquer ponto de orientação. Assim, o que digo é como vejo no momento presente, mas se consegui abrir a camada mais profunda desse palimpsesto de sedimentos subsequentes, não posso saber nem garantir.

PH: Em termos concretos, as experiências militares que teve quando jovem, especialmente a libertação da Polônia, influenciaram as suas primeiras ideias quando se tornou professor de sociologia em Varsóvia?

ZB: Como a mesma pergunta me foi feita pelos entrevistadores da *Los Angeles Review of Books*, repito a resposta que dei a eles, publicada em 2014: "Devem ter, não? Como poderia ser diferente? Sejam militares ou civis, as experiências de vida não podem deixar de se imprimir — de forma mais pesada quanto mais agudas elas são — na trajetória da vida, na maneira como percebemos o mundo, reagimos a ele e escolhemos os caminhos para percorrê-lo. Elas se combinam numa matriz da qual o itinerário de uma vida é uma das permutações possíveis. A questão, porém, é que elas fazem seu trabalho em silêncio, de modo furtivo, por assim dizer, e sub-repticiamente — cutucando mais que instigando, e por meio de conjuntos de opções que elas circunscrevem, e não por escolhas conscientes e deliberadas. O grande escritor polonês Stanisław Lem, que também era cientista, fez certa vez uma tentativa não totalmente irônica de compor um inventário de acidentes que levaram ao nascimento da pessoa chamada 'Stanisław Lem' e, depois, calcular a probabilidade desse nascimento. Ele descobriu que, do ponto de vista científico, sua existência era quase impossível (embora a probabilidade de nascimento de outras pessoas — com pontuação não melhor que a dele — também fosse infinitamente próxima de zero). Portanto, é necessário um aviso: reconstruir retrospectivamente as causas e os motivos de escolhas acarreta o perigo de atribuir estrutura a um fluxo, e lógica — até mesmo predeterminação — ao que foi de fato uma série de fatos consumados sobre os quais mal refletimos — se tanto — na época em que aconteceram [...].

"Lembro-me aqui dessas verdades mundanas e um tanto triviais para avisá-lo de que o que vou dizer em resposta à sua pergunta deve ser visto com uma pitada de sal [...].

"'Faz sentido' conectar as experiências durante a guerra e os primeiros anos do pós-guerra com aqueles que viriam a se tornar meus interesses acadêmicos ao longo da vida: fontes do mal, desigualdade social e seu impacto, raízes e ferramentas de injustiça, virtudes e vícios de modos alternativos de vida, chances e limites do controle humano sobre sua história. Mas 'fazer sentido' é prova suficiente de isso ser verdade? Em seu último romance, *Ostatnie Rozdanie* [O toque final] — um livro que, além de ser uma história fascinante contada numa prosa requintada, é também uma longa meditação sobre as armadilhas e emboscadas, provações e tribulações que não podem deixar de estar à espera de pessoas atrevidas e insolentes o suficiente para ousar uma reconstrução e narrativa ordenada, abrangente e convincente de seus itinerários de vida —, o formidável escritor polonês Wiesław Myśliwski escreve:

> Eu vivia a esmo. Sem qualquer sensação de fazer parte da ordem das coisas. Vivia em fragmentos, pedaços, restos, no momento, ao acaso, de incidente em incidente, como que empurrado por fluxos e refluxos. Muitas vezes, tinha a impressão de que alguém havia rasgado a maioria das páginas do livro da minha vida, porque estavam vazias ou porque não pertenciam a mim, mas à vida de outra pessoa.[7]

"Mas ele pergunta: 'Alguém dirá: e a memória? Não é uma guardiã de nós mesmos? Não nos dá a sensação de sermos nós, não outra pessoa? Ela não nos torna inteiros, não nos marca?'. E responde: 'Bem, eu não aconselharia confiar na memória, uma vez que a memória está à mercê de nossa imaginação e, como tal, não pode ser uma fonte confiável da verdade sobre nós'. Humildemente, eu aceito isso.

"Martin Jay opinou certa vez que a liquidez de minhas próprias experiências de vida influenciou minhas interpretações da modernidade líquida. Tendo sido na minha história de vida um pássaro, em vez de ornitólogo (e os pássaros não são conhecidos por serem particularmente preeminentes nos anais da ornitologia), eu realmente não me sinto no direito de ir além da observação bastante banal de que a experiência da fragilidade dos cenários em que e através dos quais me movi deve ter (não deveria?) influenciado o que eu vi e como vi."[8]

PH: Duas semanas após a invasão alemã da Polônia, sua família fugiu para a União Soviética, tendo partido no último trem. Quase trinta anos depois, você precisou fugir de novo da Polônia, seu lar. Você encontrou refúgio primeiro em Israel e depois se mudou para a Grã-Bretanha, onde ficou para sempre. Você pode contar as etapas, os locais de residência, a jornada da sua vida?

ZB: Eles são muitos para listá-los todos. Em Varsóvia, morávamos na rua Prus, 17, num apartamento alugado — meus pais, minha irmã e eu. Em seguida, fugimos para Mołodeczno, que hoje é Maladziečna, na Bielorrússia, mas na época estava ocupada pelo Exército Vermelho e, após o pacto de não agressão germano-soviético, foi anexada à República Socialista Soviética da Bielorrússia. Lá moramos no quarto de uma casa de fazenda. Em 1941, antes que os alemães capturassem a cidade, fugimos para Chakhunia, um centro regional ao norte de Górki, hoje novamente chamada Níjni Novgorod. Moramos num pequeno quarto sem janelas alugado por uma viúva. Depois da guerra, entre 1948 e 1954, Janina, nossa filha mais velha Anna e eu moramos com meus pais num apartamento de três cômodos na rua Sandomierska, em Varsóvia. Depois disso, Janina e eu nos mudamos para um apartamento de dois cômodos na rua Zjednoczenia e, mais tarde, para a rua Nowotki, atual rua General Anders, onde ficamos até emigrarmos, em 1968. Depois de um intermezzo em Tel Aviv, mudei-me para a Grã-Bretanha, para Lawnswood Gardens, 1, em Leeds, onde também devo morrer. No início morei aqui com Janina, duas das nossas filhas e minha sogra, depois somente com Janina, e hoje com minha segunda esposa, Aleksandra Jasińska-Kania.

PH: Em 1957, após a conclusão do seu doutorado, você recebeu uma bolsa americana para um ano de estudos na London School of Economics.

Segundo Janina, você morava num cômodo escuro, frio e úmido no porão, vivia de queijo e pastéis, lutava com seu inglês e sentia falta da família. Você estava triste, diz ela, sentia-se terrivelmente só e economizou dinheiro para que Janina fosse visitá-lo.

ZB: Ah, sim, eu estava desesperado, para dizer o mínimo.

PH: Então melhorou, relata Janina. Quando ela chegou, ficou surpresa porque as pessoas que protestavam contra o governo no famoso Speakers' Corner em Hyde Park não eram presas.

ZB: Gostamos muito desse mês juntos em Londres.

PH: Na Polônia do final dos anos 1940, devastada pela guerra, era fácil encontrar um emprego, escreve Janina em suas memórias. Nos canteiros de obras, nas fábricas, nas siderúrgicas, nos escritórios, nas instituições e nos quartéis, em todos os lugares eram necessárias cabeças e mãos. Tudo era possível; não havia limites. Você começou seus estudos em 1948, em Varsóvia. Como era a situação na universidade três anos depois do fim da guerra?

ZB: Frequentei a Academia de Ciências Políticas, cujo corpo docente era uma miscelânea de professores contratados às pressas, a maioria deles bastante medíocre. Não havia livros didáticos e apenas uma coleção escassa de outros livros. Os cursos eram todos noturnos, pois a maioria dos alunos trabalhava. Acho que não aprendi muito lá. O único aspecto positivo é que foi lá que conheci Janina. Minha verdadeira educação começou após o bacharelado, na Universidade de Varsóvia, onde estudei para o mestrado. Lá, meus professores eram pesquisadores do calibre de Stanisław Ossowski, Julian Hochfeld, Tadeusz Kotarbiński, Bronisław Baczko e Leszek Kołakoswki.

PH: Qual foi o tema de sua tese de doutorado?

ZB: As ideias de dois filósofos alemães da chamada Escola de Baden sobre a "ciência cultural", Wilhelm Windelband e Heinrich Rickert, ambos inspirados em Max Weber. A filosofia deles era neokantiana com ênfase nos valores.

PH: Janina conta que, como oficial regular, você era um "frequentador entusiasta do teatro". Quais peças eram exibidas nos palcos da Varsóvia comunista na época?

ZB: Naquela época, o teatro desempenhava um papel extremamente importante na Polônia. Os teatros estavam entre os primeiros edifícios restaurados após a destruição quase completa de Varsóvia pelos alemães. As artes receberam generoso apoio financeiro dos intelectuais que estavam no poder — a primeira e a última vez que isso aconteceu na história da Polônia. Você podia assistir a peças de Friedrich Dürrenmatt, Bertolt Brecht, Eugène Ionesco, Luigi Pirandello, todas com atores e diretores magníficos. Dos filmes, devo citar principalmente os do neorrealismo italiano, Luchino Visconti, Giuseppe de Santis, Roberto Rosselini, Michelangelo Antonioni, Federico Fellini, mas também as obras de jovens cineastas alemães orientais, tchecos e húngaros. Havia também Luis Buñuel, e os cineastas clássicos franceses, como Jean Renoir.

PH: Quando você era menino, o que queria ser quando crescesse?

ZB: Desde a infância, entusiasmavam-me a física e a cosmologia. Pretendia dedicar minha vida ao estudo dessas matérias. Se eu não tivesse sido exposto com tanta intensidade ao potencial humano para a desumanidade, provavelmente teria me tornado físico. Mas a experiência de ruas bombardeadas cheias de refugiados, das tentativas desesperadas de escapar do avanço das tropas nazistas, da miséria do exílio, que acabou sendo também um milagre que salvou minha vida, me transformou num vagabundo e despertou meu interesse pelas múltiplas e diversas formas de vida humana. Meu interesse por física e astronomia, no entanto, nunca me abandonou.

PH: O que você lia quando criança?

ZB: No início, os livros típicos que os meninos leem: tudo de James Fenimore Cooper, Jack London, Zane Gray, Karl May, Júlio Verne, Robert Louis Stevenson, Alexandre Dumas e, dos autores poloneses, Kornel Makuszyński. Mais tarde, todos ou quase todos os clássicos poloneses, prosa e poesia: Adam Mickiewicz, Bolesław Prus, Henryk Sienkiewicz, Stefan Żeromski, Eliza Orzeszkowa, Julius Słowacki e outros. Mas, dois ou três anos antes de fugirmos de Poznań, me despedi da literatura infantil. Os livros de Victor Hugo, Charles Dickens e Liev Tolstói, para citar apenas os autores mais importantes, tornaram-se minha nova dieta.

PH: Seus pais liam para você quando você era pequeno?

ZB: Meu pai lia para mim antes de eu ir para a cama. Não importava o quão cansado ele estivesse quando voltava do trabalho às oito horas da noite, nunca ia dormir sem ler um capítulo para mim. Assim, ele me contagiou com seu respeito e paixão pela palavra impressa. Limitando-me apenas aos autores cujos livros posso definitivamente lembrar de ele ler para mim: Júlio Verne, Christian Andersen, Selma Lagerlöf e Sven Hedin. Sven Hedin, o importante explorador sueco, é responsável pela minha preferência por viajar para o norte em vez do sul.

· 3 ·

Judaicidade e ambivalência

Adaptação: Por que os judeus foram atraídos
para o comunismo?

PETER HAFFNER: Você é sabidamente contido quando se trata de revelar detalhes de sua própria vida. Seus leitores sabem o que e como você pensa, mas não sabem quem você é ou de onde vem. Você poderia me contar algo sobre a história de sua família, seu pai, sua mãe?

ZYGMUNT BAUMAN: Meu pai, Maurycy Bauman, nasceu em 1890 em Słupca, uma pequena cidade mercantil que fazia parte da Prússia na época. Ele morreu em 1960 no kibutz Givat--Brener, em Israel. Era autodidata. Afora frequentar uma cheder, escola religiosa judaica tradicional, não teve nenhuma educação formal. O pai dele, que tinha sete filhos e era dono de uma loja de aldeia, não podia ou não queria financiar uma educação complementar. Meu pai aprendeu várias línguas sozinho. Era um leitor apaixonado e também escrevia seus próprios textos. Quando morreu, deixou um grande número de manuscritos em iídiche. Nem eu nem ninguém no kibutz era capaz de lê-los. Infelizmente, minha irmã, Teofila, que vivia no mesmo kibutz e emigrou para a Palestina em 1938, jogou todos os papéis e livros dele no lixo reciclável.

PH: Os pais de seu pai eram religiosos?

ZB: Meu avô paterno era um judeu ortodoxo praticante, mas não tinha conhecimento ou interesse pelas sutilezas teológicas ou culturais. Meu pai, ao contrário, habitava o mundo do intelecto, um exílio perpétuo de tudo o que é prático. E quanto mais ele cultivava esse lado de si mesmo, menos religioso ortodoxo se tornava. Uma vez por ano, no Yom Kippur, o Dia do Perdão, ele jejuava e ia à sinagoga. Muito cedo se tornou um sionista secular, e assim continuou por toda a vida. O sionismo era sua religião, por assim dizer.

PH: E sua mãe?

ZB: Minha mãe, Zofia, nasceu em 1884 em Włocławek, que era um centro regional na época. Até 1914 a cidade foi governada pelos russos, e em 1917, quando meus pais se casaram, foi capturada e ocupada pelos alemães. Meu avô materno era dono de uma fábrica de materiais de construção. Vinda de uma família abastada, minha mãe pôde continuar os estudos. Foi tomada por uma paixão pela cultura e tinha ambições. Essas ambições foram frustradas durante todos os anos que passou na cozinha, onde, como mencionei antes, realizava sua alquimia culinária, o que deveria servir de válvula de escape para suas aspirações criativas. Na verdade, isso acabaria sendo muito útil de 1939 até sua morte, em 1954. Naqueles anos, habilidades culinárias excepcionais como as dela eram extremamente necessárias, primeiro nas cantinas do tempo da guerra na União Soviética, depois nos restaurantes simples da Varsóvia do pós-guerra.

PH: Em que seu pai e sua mãe trabalhavam?

ZB: Quando se casaram, Leon Cohn, meu avô materno, deu ao jovem casal uma pequena loja de tecidos em Poznań. Meu pai, que era excepcionalmente inadequado para os negócios — estava sempre pensando no que acabara de ler —, logo faliu. Ele ficou desempregado por algum tempo, e até tentou suicídio. Então, conseguiu um emprego de contador numa das grandes lojas de Poznań. Continuou a ser contador durante os anos em que vivemos na União Soviética, bem como depois que voltamos à Polônia em 1946 e no kibutz em Israel, para onde emigrou após a morte de minha mãe.

PH: Seu pai emigrou durante o "degelo" político que começou depois que Khruschóv, na vigésima conferência do PCUS [Partido Comunista da União Soviética], denunciou os crimes de Stálin, pondo fim ao culto à personalidade do ditador. Os judeus na Polônia, alguns dos quais ocuparam cargos no Partido Comunista e no Ministério da Segurança Pública, a infame polícia secreta, eram odiados mais do que nunca. Uma nova onda de antissemitismo levou o líder do partido polonês Władysław Gomułka a abrir a porta para a emigração de judeus poloneses para Israel. Seu pai já estava perto dos setenta anos nessa época, e sua mãe acabara de morrer. Mas seu pai aproveitou a oportunidade e solicitou um passaporte. Ele o recebeu em fevereiro de 1957 e emigrou. Sua mãe também queria ir para a Palestina? Ela compartilhava do sionismo de seu pai, que queria morrer na terra de seus antepassados?

ZB: Na casa de meus pais, a atmosfera era tudo, menos sionista. Minha mãe se sentia e se considerava inteiramente polonesa. A ideia de ceder aos sonhos de meu pai de emigrar para Israel nunca teria ocorrido a ela. Ele precisou esperar até que ela estivesse morta. Então pegou o primeiro navio disponível. Minha irmã Teofila, que emigrou muito antes dele, era uma adolescente inconstante e totalmente apolítica quando se mudou para a Palestina. Enquanto ainda estava em Poznań, ela teria achado muito difícil explicar o que é sionismo. Isso é uma prova da atitude incrivelmente liberal de nosso pai: ele queria que fôssemos honestos e felizes, não importava o que fizéssemos com nossas vidas. Ele não intervinha. Meus pais mandaram Teofila para Israel antes da invasão nazista: não queriam arriscar a vida da filha. Em 1938, quando um palestino de vinte anos foi a Poznań para uma feira comercial internacional, conheceu minha irmã e se apaixonou por ela, meus pais aproveitaram a oportunidade. Teofila nos deixou já como esposa dele. Meu pai foi mais tarde para o kibutz onde ela estava, onde logo descobriu que seus sonhos de toda a vida sobre o sionismo eram desmentidos pela realidade.

PH: De acordo com Janina, você se desentendeu com seu pai porque ele foi à embaixada israelense em Varsóvia pedir orientações sobre emigração. Isso foi depois que Stálin, em dezembro de 1952, lançou uma "campanha de limpeza" antissemita. Esse "contato com o Ocidente" por parte de seu pai foi a razão pela qual você foi sumariamente expulso do Exército em janeiro de 1953. Você foi declarado persona non grata e evitado por seus antigos camaradas do Exército. Você se reconciliou com seu pai, mas quase não teve contato com sua irmã, Teofila, que morava em Israel. Por quê?

ZB: Depois que Teofila deixou Poznań, em 1938, tive muito pouco contato com ela. Por cerca de quinze anos não tivemos nenhum, e por cerca de 25 anos nos falamos apenas por meio de cartas ocasionais. Conheci seus filhos e netos quando estive em Israel, entre 1968 e 1970, mas, para ser sincero, tive poucas oportunidades de conversar com eles, tanto por causa de nossos interesses divergentes quanto pela barreira do idioma. Quando deixei Israel, nosso contato foi completamente interrompido. Teofila morreu em 1999 no kibutz Givat-Brener. Ela tinha uma filha, dois filhos e um enteado do segundo casamento.

PH: Que tipo de infância você teve? Você cresceu entre outras crianças judias?

ZB: Éramos a única família judia no distrito de Jeżyce, em Poznań, e eu era o único aluno judeu na escola primária. Conheci meninos judeus da minha idade em 1938, quando entrei na escola secundária. Éramos quatro, tantos quantos podiam ser admitidos. O Ginásio Berger era a única instituição que aceitava alunos judeus, com base em um *numerus clausus*, um limite máximo estabelecido. Todos os meninos não judeus da minha classe eram escoteiros. Lembro-me de que os invejava profundamente. Meninos do "banco do gueto", como eram chamados os quatro lugares que nos eram atribuídos, não estavam autorizados a entrar para o escotismo. Mas um de meus novos amigos era membro ativo do Hashomer Hatzair, o grupo de jovens do ramo socialista do movimento sionista. Ele me apresentou a esse grupo, que era uma espécie de Harcerze judeu, a versão polonesa do movimento de Baden-Powell. Poucos meses depois, a guerra estourou e acabei na União Soviética. Minha conversão foi fácil: eu apenas abandonei a parte "sionista" que havia sido vaga e artificialmente acrescentada à parte "socialista". Os grupos soviéticos, como o Komsomol, a organização comunista da juventude, não eram divididos conforme linhas étnicas.

PH: De onde vem o nome Bauman?

ZB: "Baumann", com dois enes, é a grafia alemã. Quando voltamos para a Polônia e os alemães foram embora, meu pai nos registrou como "Bauman", com um N. Quando e como isso aconteceu exatamente, não sei. Não testemunhei e não posso provar.

PH: Sua esposa Janina estava no Gueto de Varsóvia quando era uma garota de catorze anos e viveu os horrores do terror nazista. Quase toda a família dela foi assassinada. Ela não queria deixar a Polônia? Em 14 de maio de 1948, o Estado de Israel foi fundado como um porto seguro para judeus de todo o mundo.

ZB: Em virtude de suas experiências terríveis na Polônia ocupada pelos nazistas, quando a conheci, Janina estava determinada a emigrar para Israel. No final, ela concordou em permanecer na Polônia. Não demorei muito para persuadi-la, porque ela não sabia nada sobre o sionismo e seu interesse por ele era acidental e muito superficial.

PH: Segundo Janina, vocês discutiram o assunto, mas então ela própria se sentiu estranhamente aliviada por vocês terem decidido ficar na Polônia.

ZB: Ela sentia que a Polônia era a sua pátria. A imagem que ela tinha de Israel era da mãe amorosa que, afinal, acaba se revelando uma madrasta cruel e insensível.

PH: Janina escreve que você considerava o sionismo incompatível com o comunismo, e a construção de uma "fortaleza" para os judeus sem teto, sitiados e perseguidos um artifício de um novo nacionalismo. Quando voltou para casa com o exército polonês, você testemunhou alguma coisa do Holocausto?

ZB: Uma das primeiras coisas que vi quando meu grupo de artilharia chegou a Lublin foi Majdanek, um dos mais terríveis campos de extermínio que os nazistas construíram na Polônia ocupada. Ainda havia montes de cadáveres por toda parte; a remoção deles mal havia começado. Mas, ao contrário de Janina, que escapou por pouco de ser deportada para um campo de extermínio, nunca precisei viver nesse mundo de horror e desumanidade. Eu só li e ouvi a respeito disso, tal como — graças a Deus — a maioria das pessoas.

PH: Em seu livro *Modernidade e Holocausto*,[1] você defende a tese provocadora de que a ideia de exterminar seres humanos em escala industrial é um produto da modernidade — não especificamente do nacionalismo alemão. Então Auschwitz ainda seria possível hoje? E em caso afirmativo, em que circunstâncias?

ZB: A era moderna não é uma era genocida. Ela apenas possibilitou formas modernas de tornar o genocídio possível, por meio de inovações como tecnologia fabril e burocracia, mas em particular por meio da ideia moderna de mudar o mundo, até mesmo de virá-lo de cabeça para baixo — a ideia de que não precisamos mais aceitar o pensamento de que, como acreditavam os europeus medievais, estamos proibidos de interferir na criação de Deus, mesmo que não gostemos de alguma coisa nela. No passado, tínhamos simplesmente de suportar as coisas.

PH: Podemos refazer o mundo como desejarmos.

ZB: Essa é exatamente a razão pela qual a era moderna foi também uma era de destruição. O esforço para melhorar e aperfeiçoar exigia o extermínio de incontáveis pessoas cuja adaptação ao desejado esquema perfeito das coisas era considerada improvável. A destruição era a própria essência do novo, e a aniquilação de todas as imperfeições a condição para alcançar a perfeição. Os projetos dos nazistas e dos comunistas foram os exemplos mais evidentes desse fenômeno. Ambos procuraram erradicar, de uma vez por todas, quaisquer elementos desregulados, aleatórios ou indisciplinados da condição humana.

PH: Foi a morte de Deus que abriu a porta para isso? Apesar do fato de que, em épocas mais antigas, como a das Cruzadas, o assassinato era cometido em nome de Deus.

ZB: A ambição da era moderna é pôr o mundo sob nossa própria administração. Agora, estamos no comando — não a natureza, não Deus. Deus criou o mundo. Mas agora que Ele está ausente ou morto, nós mesmos o administramos, fazemos todas as coisas de novo. A destruição dos judeus europeus era apenas parte de um projeto maior: o reassentamento de todos os povos, com os alemães no centro — um empreendimento monstruoso, tão espantoso quanto arrogante. Felizmente, hoje não existe um elemento essencial para sua execução: o poder total. Esse tipo de projeto só poderia ser executado pela Rússia comunista ou pela Alemanha nazista. Em países menos totalitários, como a Itália de Mussolini ou a Espanha de Franco, isso não foi possível. Faltava esse elemento. Que Deus nos ajude para que continue assim.

PH: Mas o projeto nacional-socialista é muitas vezes entendido exatamente como o oposto: um retorno à barbárie, uma rebelião contra a modernidade, contra os princípios fundamentais da civilização moderna, e não como uma continuação da modernidade.

ZB: Isso é um mal-entendido. Decorre do fato de que estas eram manifestações extremas e infinitamente radicais desses princípios fundamentais, e que aqueles que os defendiam estavam dispostos a deixar de lado quaisquer escrúpulos. Nacional-socialistas e comunistas estavam apenas fazendo o que outros também queriam fazer na época, mas não eram determinados ou impiedosos o suficiente para conseguir — e é o que ainda fazemos hoje, embora de uma forma menos espetacular e menos repulsiva.

PH: A que você se refere?

ZB: Ao distanciamento dos seres humanos uns dos outros e à automação da interação humana, que continuamos a buscar. Todas as tecnologias atuais se resumem a isso. Ser capaz de evitar o contato humano sempre que possível é considerado um progresso. Em consequência, podemos agir sem sentir nenhum dos escrúpulos que inevitavelmente temos quando lidamos com uma pessoa cara a cara.

PH: Os judeus foram os primeiros a experimentar a "ambivalência", a condição humana da modernidade. Você também tratou de questões de ambiguidade no plano teórico.

ZB: Os judeus foram os primeiros a serem expostos à ambivalência. Eles foram os descobridores involuntários do novo mundo — a vanguarda da ambivalência, se você preferir. Antes de mais ninguém, eles entraram nesse estado, que é característico da modernidade líquida em que vivemos.

PH: Até que ponto suas ideias sobre o conceito de ambivalência se baseiam em sua própria experiência de antissemitismo na Polônia comunista? Durante a agitação de março de 1968, você perdeu sua cátedra e teve de deixar o país.

ZB: Ajudou, acho eu. É muito difícil investigar a lógica da própria alma. Isso é sempre feito em retrospecto, com distanciamento e com o conhecimento adquirido após o evento — não há outro jeito. A questão é se, na época em que comecei a pensar na questão da ambivalência, eu estava realmente ciente dos motivos que vejo hoje quando olho para trás. Fazia parte do meu pensamento na época ou deparei com isso mais tarde, com a ajuda de conhecimentos adquiridos depois? Não sei dizer.

PH: Possivelmente ambos.

ZB: Falando de maneira lógica, você está certo ao presumir que teve a ver com minhas experiências na Polônia. Como todos os judeus assimilados em Varsóvia, tive um romance dramático com o que era polonês. Apaixonei-me pela cultura polonesa, pela língua polonesa, pela literatura polonesa, tudo polonês, mas me foi negado o direito de pertencer à Polônia, porque eu era um estrangeiro. Tadeusz Kotarbiński, o conhecido filósofo polonês e um dos meus professores na universidade — que em seu tempo livre escrevia poesia lírica —, disse algo apropriado sobre isso. Lembro-me bem de seu poema sobre o assunto. O título do volume era *Alegres tristezas*.

PH: Um título paradoxal — a ambivalência de um sentimento!

ZB: Kotarbiński era lógico; ele odiava a ambivalência. Ela o perturbava e ele lutou contra ela. Mas era muito bom em captar ambivalências. Isso o inspirou a escrever. O poema é sobre o filho de inclinação socialista de um latifundiário. Ele não é um carreirista. É alguém que realmente quer participar, quer ajudar a construir uma sociedade melhor. Ele pergunta a um dos membros do partido: "O que devo fazer para que você me aceite?". E a resposta é: "Você deve deixar de ser filho de um latifundiário".

PH: Isso é tão impossível quanto deixar de ser judeu.

ZB: Eu não podia e não queria deixar de ser o que era: fiel à tradição judaica e, ao mesmo tempo, à tradição polonesa. Eu me definia como polonês, e ainda hoje me defino como tal. Você deve ter notado que os resenhistas de meus livros sempre se referem a mim como sociólogo polonês. Mas, para um judeu ser referido dessa forma, ele precisa deixar a Polônia.

PH: Você já mora na Inglaterra há mais de quarenta anos. E a comida polonesa? Você come *borscht, bigos*, pato com maçãs?

ZB: Não com muita frequência, porque precisamos achar os ingredientes nas lojas de poloneses. Eles não estão disponíveis em todo lugar. Mas sim, claro que adoro a culinária polonesa. Adoro em particular *bigos* e *pirogi* — o ravióli polonês. E há algo que é muito popular na Polônia, mas que não se conseguia encontrar na Inglaterra até recentemente, até que a onda de imigração da Polônia começou: arenque. Não era conhecido aqui. Mas agora se pode comprar arenque. [*Bauman aponta para uma tigela contendo croissants e outros doces.*] Mas você ainda não experimentou esses artigos da culinária francesa! Por favor, sirva-se. Eles foram feitos especialmente para você!

PH: Muito obrigado!

ZB: E por que você não experimenta esses morangos maravilhosos? Não há desculpa para isso!

PH: Você sempre serve tanta comida que não sei por onde começar! E depois, acho difícil comer enquanto me concentro na conversa, ainda mais pela seriedade dos assuntos. Onde estávamos? Ah, sim: Karl Marx, o fundador do chamado socialismo científico, era judeu. Você também ficou desapontado com a maneira como foi tratado porque pensava que o socialismo poderia ter acabado com a compartimentalização étnica e o antissemitismo? Você acreditava que uma sociedade socialista seria uma sociedade igualitária, em que a etnia, a raça ou o idioma de uma pessoa não teriam importância?

ZB: Vários autores explicaram o número relativamente alto de judeus nos movimentos comunistas e socialistas dizendo que pertencer a esses grupos permitia aos judeus superar a ambivalência em relação à sua identidade. O Partido Comunista não estava interessado na origem étnica dos membros em potencial, mas na conformidade, lealdade e obediência. Pertencer a uma etnia era irrelevante. No exato momento em que entrava no partido, você se desfazia de sua origem étnica como de uma pele velha. Pelo menos era o que parecia na década de 1930. Mas logo isso se revelou uma ilusão, e a ideia do comunismo se transformou num bolchevismo nacionalista. Contudo, acho que a fonte da atração que o movimento comunista exercia sobre os judeus estava exatamente nisso: as organizações comunistas eram o único lugar onde eles podiam sentir que tinham valor igual ao de qualquer outra pessoa. Eles não representavam mais uma minoria inferior.

PH: E os comunistas eram os inimigos mais ferozes dos nazistas, cujo programa visava a "aniquilação da raça judia na Europa", como Hitler anunciara em seu discurso no Reichstag de 30 de janeiro de 1939.[2]

ZB: Sim, esse é um ponto importante. O movimento comunista foi o único movimento consistentemente antinazista. E eu me lembro de muitas pessoas na década de 1930 — eu era criança na época — dizendo que a única escolha era entre o nazismo e o comunismo. Eram as únicas opções. A atitude das democracias ocidentais em relação aos nazistas era muito frouxa. Elas os trataram como parceiros, como atores iguais no jogo político. E os judeus pressentiram o que estava por vir. Para eles, era uma questão de vida ou morte. Mas os não judeus que estavam preocupados com o futuro do mundo também chegaram à conclusão de que a única escolha genuína era entre o nazismo e o comunismo. Os outros eram meras testemunhas silenciosas da catástrofe.

PH: Você foi expulso da Polônia porque era judeu e perdeu a cidadania polonesa. Você foi para Israel, mas não ficou lá por muito tempo. O sionismo não o atraiu depois que você se familiarizou com ele. Por que não?

ZB: Meu Deus. Essa é uma pergunta muito dolorosa.

PH: Eu sei.

ZB: É verdade que nunca me senti atraído pelo sionismo. Por que eu não quis ficar em Israel? O motivo é simples. Fui para Israel porque fui expulso da Polônia. Por quem? Pelos nacionalistas poloneses. E em Israel me pediram para me tornar um nacionalista, um nacionalista judeu. É uma ideia absurda e alarmante tentar remediar o nacionalismo com outro nacionalismo. A única resposta apropriada ao nacionalismo é tentar acabar com sua existência. Enquanto morava em Israel, publiquei um artigo no *Haaretz*, o jornal diário liberal de lá, expondo minhas observações. O título era algo como: "É dever de Israel se preparar para a paz". Esse artigo contém a única previsão que fiz e que acabou cem por cento correta. Era preciso algum discernimento e alguma coragem para prever, em 1971, o que aconteceria com a sociedade israelense, com o espírito dos israelenses, com sua consciência, sua moral, sua ética etc. O Ocidente ainda estava celebrando a vitória de Israel na Guerra dos Seis Dias: um pequeno país lutara e vencera países grandes e poderosos — Davi contra Golias. Eu escrevi que não existia isso de ocupação humana, e que a ocupação israelense dos territórios palestinos dificilmente diferia de outros exemplos históricos de ocupação. Elas eram todas imorais, cruéis e inescrupulosas. Não são apenas os povos subjugados que são prejudicados pela ocupação; os ocupantes também são prejudicados. A ocupação os degrada moralmente e, a longo prazo, os enfraquece. Previ ainda uma militarização da psique israelense e da classe dominante de Israel, dizendo que o Exército governaria a nação, e não a nação o Exército. Foi exatamente isso o que aconteceu, num grau que nem eu ousei prever. Hoje, a única coisa que cerca de 80% dos cidadãos israelenses conheceu foi a guerra. A guerra é seu habitat natural. Suspeito que a maioria dos israelenses não quer a paz — em parte porque se esqueceram de como lidar com as questões da vida social durante os tempos de paz, quando os problemas não podem ser resolvidos jogando-se bombas e queimando casas. O povo nunca teve a chance de aprender como buscar soluções alternativas para situações difíceis — soluções que não envolvam o uso da violência. A violência está em seu sangue. É sua maneira de ver o mundo. Israel entrou por vontade própria num beco sem saída. Não posso nem dizer que estou otimista quanto às perspectivas de longo prazo, embora, em outros casos, eu sempre seja. Pois de fato não vejo uma solução. Não vejo solução pela simples razão de que penso em termos sociológicos. Para que haja uma solução, deve haver alguém, ou um grupo de pessoas suficientemente forte, para implementar um plano. Mas em Israel as forças da paz são marginalizadas e insignificantes. Elas não exercem influência e ninguém as escuta.

PH: Em relação à vontade de paz, a situação não é muito diferente no caso dos palestinos.

ZB: Sim, existe a mesma intransigência aí, a mesma incapacidade de reconciliação. Os palestinos ficaram frustrados tantas vezes. Eles viram que promessas foram quebradas, que ao longo dos anos as demandas de Israel não se enfraqueceram, de forma a abrir um espaço de negociação, mas, ao contrário, se intensificaram. Sempre que se aproxima uma reunião urgente entre israelenses e palestinos, o governo israelense anuncia a construção de novos assentamentos, ocupando mais uma parte do território palestino. Eu realmente não sou otimista nesse caso. Prefiro não pensar nisso. Em certo sentido, estou até mesmo feliz por morrer em breve e não ter de testemunhar a provável conclusão trágica do conflito. Você leu meu livro *Modernidade e ambivalência*?[3]

PH: Ele aborda a questão do sionismo, entre outras coisas.

ZB: Esse livro expressa minha opinião sobre o assunto. O sionismo foi, sem dúvida, um produto do nacionalismo europeu. Theodor Herzl, o fundador do sionismo, tinha um slogan: "Uma terra sem povo para um povo sem terra". Esse é o slogan em que se baseia toda a era do imperialismo europeu. As colônias eram consideradas terras de ninguém. Os senhores coloniais ignoraram o fato de que já havia gente lá. Para eles, essas pessoas eram selvagens vivendo em condições primitivas, em cavernas e florestas, longe da civilização. Eles eram pobres e impotentes, podiam ser negligenciados e não eram considerados um problema. O mesmo aconteceu com Israel e o sionismo. Acho que é o último resquício da era imperialista da história europeia. Bem, talvez não seja o último — há outros —, mas é com certeza o mais espetacular. E é por isso que o sionismo nada mais é que uma variação do imperialismo europeu. Mas posso entender Herzl. Era uma ideia de sua época: somos um povo civilizado e vamos levar a civilização a esse país de selvagens.

· 4 ·

Intelecto e compromisso

Sociologia: Por que ela não deve separar a experiência objetiva da pessoal

PETER HAFFNER: Não foi só em Israel que você exerceu seu direito de falar o que pensa. Jean-Paul Sartre considerava tarefa do intelectual criticar a ideologia da classe dominante e educar o povo. Michel Foucault, ao contrário, defendia a ideia do intelectual "específico": o especialista em questões específicas. A ideia do escritor como representante da consciência de todos, como um intelectual "universal", se opõe à ideia do intelectual como político, comprometido e voltado para o poder. Você foi influenciado por ambos os pensadores. Sobre essa questão em particular, para qual posição você se inclina?

ZYGMUNT BAUMAN: Michel Foucault observou que esses "intelectuais específicos" vieram para substituir os "intelectuais universais" anteriores. Um "intelectual específico" conhece os caminhos em torno de sua disciplina e está comprometido com ela. Jornalistas lutam pela liberdade de imprensa, cirurgiões por mais recursos para hospitais, atores pelo financiamento de teatros: cada um com seu interesse profissional. Acho que o conceito de "intelectual universal" de Foucault, que ele distingue do novo intelectual "específico", é uma tautologia. "Intelectual" significa, por definição, algo universal. Desde que o termo foi cunhado no século XIX, o "intelectual" é entendido como alguém que tem em mente o interesse geral da sociedade, para além de sua capacidade profissional e posição social, alguém que reflete sobre valores sociais, moral e padrões de vida. Falar de um "intelectual universal" é como falar de "manteiga amanteigada" ou "metal metálico".

PH: O que significa que "intelectual específico" é uma contradição em termos.

ZB: O conceito é um oximoro, isso mesmo. Um "intelectual específico" pode ser uma pessoa culta, mas não é um intelectual. Os intelectuais existem para observar o que está acontecendo na sociedade, tarefa que vai muito além do limitado interesse pessoal ou profissional de alguém. Eles foram feitos para servir ao povo de seu país.

PH: Nos debates atuais, no entanto, os intelectuais quase não aparecem. O populismo que grassa na Europa e na América fez com que os fatos dificilmente importassem no debate político. O que é importante não é o que é verdade, mas apenas aquilo em que se acredita.

ZB: Nesse ponto, sou ainda mais cético do que você. Quem busca a verdade não entra na política de forma alguma. A política não diz respeito à verdade, mas ao poder. Tudo o que ajuda alguém a atingir seus objetivos é bom. Não existe outra forma de política.

PH: Mas algo como um discurso da razão costumava existir na política. Intelectuais dignos desse nome deveriam cultivá-lo.

ZB: Os intelectuais existem para preservar valores que transcendem a cena política mutável. Os políticos, por princípio, devem se preocupar com o que está acontecendo no momento presente. A tarefa do intelectual é mais difícil. Os intelectuais devem nadar contra a maré, resgatar as possibilidades que se perderam no passado. Essas possibilidades não estão mortas. Elas foram apenas colocadas de lado temporariamente — não foram testadas ou postas em prática. Elas devem ser preservadas para tempos futuros. O trabalho intelectual é uma atividade de longo prazo; a política é de curto prazo.

PH: É importante, porém, que os políticos olhem para além da próxima eleição. Os problemas certamente são de mais longo prazo do que isso.

ZB: Imagine um político que entra em uma campanha eleitoral com um programa fantástico para 2060. Ele não teria a menor chance. Em vez disso, ele matraqueia slogans sobre o mais recente ataque terrorista, o último escândalo de corrupção, e consegue muitos votos. Se ele gritar sobre as manchetes de ontem, sobre os milhões de sírios batendo na porta da Europa, terá instantaneamente um grande grupo de seguidores. Pessoas como Marine Le Pen, na França, ou Viktor Orbán, na Hungria, são mestres nessa estratégia. Eles obtêm enormes ganhos políticos dessa maneira. Mas e aqueles que querem servir à verdade, que têm uma perspectiva de longo prazo? Você nunca esperaria que uma pessoa assim se tornasse um político.

PH: Sua obra se compõe agora de quase sessenta livros. Quando você escreve — em horários fixos ou espontaneamente?

ZB: A manhã é a parte criativa do meu dia. O dia em si é dividido entre produção e investimento. Das cinco da manhã ao meio-dia, sou produtivo. Isso é o que consigo fazer. Depois, almoço e tiro uma soneca. A segunda parte do dia é dedicada ao investimento.

PH: Quer dizer, você lê?

ZB: Sim.

PH: Você também deve ter muitos e-mails para responder.

ZB: É verdade, mas a maioria deles eu apago sem ler — muito spam. Não posso reclamar da falta de interesse pelo meu trabalho. Em minha vida, tive muitas oportunidades de fazer coisas, mais do que uma pessoa normal.

PH: George Orwell, um escritor que você admira, fez a si mesmo uma pergunta que, na verdade, nunca se deveria fazer a um autor. Em nome dele, tomo a liberdade de fazê-la a você: por que você escreve?

ZB: George Orwell era um mestre malabarista das palavras e, ao mesmo tempo, um juiz muito rigoroso dos efeitos desse malabarismo. Ele era um esteta requintado, e sua obra proporciona um padrão que serve como medida para julgar qualquer escrito. Orwell diz que, quando tinha dezesseis anos, descobriu de repente a "alegria das meras palavras", do "som e associação das palavras". Ele queria escrever, diz no ensaio "Por que escrevo", "imensas novelas realistas com finais infelizes, cheias de descrições detalhadas e sorrisos irresistíveis, e também de passagens muito floreadas, nas quais as palavras fossem em parte usadas apenas por seu efeito sonoro".[1] Cheguei à escrita vindo do polo oposto. Havia coisas que eu queria compartilhar com outras pessoas, e as palavras não eram mais do que servas desse propósito. Depois de colocadas no papel, não me importava mais com elas. O meu primeiro artigo, que enviei ao suplemento juvenil do jornal diário *Nasz Przegląd* quando tinha onze anos e que foi publicado, dizia respeito ao linguista francês Jean-François Champollion. Eu acabara de ler alguma coisa sobre ele e estava profundamente impressionado com o fato de que, depois de muitas tentativas fracassadas, ele conseguira decifrar os hieróglifos egípcios, textos que por milhares de anos haviam permanecido ilegíveis. Fiquei tão entusiasmado com isso que queria contar a história para o mundo inteiro. Orwell, em contraste, menciona o "entusiasmo estético" como uma das quatro motivações para escrever: a "percepção da beleza no mundo externo, ou, por outro lado, nas palavras e em sua disposição correta".[2] Eu estaria mentindo se dissesse que essa foi uma das minhas motivações.

PH: Seu estilo, sua sensibilidade para a linguagem, seu senso de ritmo e composição dramática desmentem isso.

ZB: Depois de publicar vários trabalhos acadêmicos, tive o imerecido golpe de sorte de ter Maria Ofierska, da PWN (Polskie Wydawnictwo Naukowe — Edições Acadêmicas Polonesas), designada para ser minha editora. Ela abriu meus olhos para "a beleza das palavras" e sua "disposição correta". Não foi fácil para ela, pois teve de lidar com um aluno que a princípio era mal-humorado, depois entusiasmado, mas de raciocínio lento. Ao me lembrar dela, sinto uma mistura de profundo remorso, consciência pesada e enorme gratidão. Ela foi heroica no desempenho de sua tarefa hercúlea — e ao mesmo tempo sisífica: incutir respeito e um nível mínimo de apreço pelo poderoso encanto e o encantador poder das palavras numa mente que tinha ideias para expressar, mas não sabia — e tampouco era capaz de sentir — a maneira certa de expressá-las. Tudo o que sei sobre a nobre arte de escrever e a responsabilidade que um escritor tem, não só pela correção dos pensamentos, mas também pela beleza da linguagem, devo a ela. Ainda me envergonho por não ter atingido os elevados padrões que ela estabeleceu para mim, por não ter sido capaz de chegar àquele nível. Não sou com certeza o que os franceses chamam de *littérateur* ou os alemães de *Dichter*. Meu ofício não é o das *belles-lettres* — a literatura como um fim em si mesma. Mas ficaria feliz se tivesse essa habilidade.

PH: Você pode entrar em mais detalhes sobre suas motivações?

ZB: De suma importância, no meu caso, são duas das quatro razões que Orwell lista em sua resposta à questão de por que escreve: o "impulso histórico" e o "propósito político"; isto é, por um lado, o "desejo de ver as coisas como são para descobrir fatos verdadeiros e armazená-los para uso da posteridade" e, por outro, o "desejo de empurrar o mundo numa determinada direção, de mudar a ideia de outras pessoas sobre o tipo de sociedade pela qual elas deveriam se empenhar".[3] Acho que é nisso que eu seguiria Orwell.

Em termos do que me motiva, só posso parafrasear a observação de Claude Lévi-Strauss e dizer que eu também deixo os pensamentos pensarem por si próprios, em vez de motivá-los. E nisso sempre pude contar com o mundo, por mais irritantemente fascinante, enfurecedor e misterioso que ele seja, agora e na época em que comecei a pensar meus primeiros pensamentos. Veja, estou vivo há bastante tempo, então sempre houve novos temas, novos problemas surgindo que eu tive de entender. Existe um suprimento inesgotável de ideias no mundo, que milita contra a tentação de descansar.

PH: Sua escrita é muito disciplinada. Parece projetada para atrair o leitor.

ZB: Dizer isso em retrospecto seria errado. É impossível impor disciplina à espontaneidade ou lógica ao imprevisível. Meus pensamentos são concebidos e expressados por um mundo que não é exatamente famoso por sua disciplina e lógica. Um livro deve ser consistente, mas o mundo não se sente limitado por nenhuma pretensão de consistência. Ele não precisa ser rigoroso ou conclusivo. Meu método de escrever se assemelha à tentativa de pegar um rato que está fugindo jogando sal em sua cauda: como a sabedoria popular polonesa lhe dirá, é um método fadado ao fracasso. No meu trabalho, a regra, e não a exceção, é que o ponto final signifique "continua", que represente uma sensação dolorosa de incompletude. Tento seguir o conselho de Michelangelo aos escultores: basta cortar fora todo o mármore supérfluo. Então começo o processo de corte assim que escrevo alguma coisa. Corto as pontas soltas que ameaçam distrair o leitor do fio principal. Antes que o ponto final seja colocado, terei feito um grande número de cortes, e cada um deles é um potencial ponto de partida para um novo livro. Quando se trata da questão de por que escrevo, no final das contas só posso repetir o que disse em meu livro *Isto não é um diário*:

Creio que a questão "por quê" é mais adequada nesse caso que a pergunta "para quê". Os motivos para escrever são abundantes, uma multidão de voluntários alinhados até serem notados, destacados e escolhidos. A decisão de escrever é, por assim dizer, "sobredeterminada". Para começar, não consegui aprender outra forma de ganhar a vida a não ser escrevendo. Um dia sem escrita parece um dia perdido ou criminosamente abortado, um dever omitido, uma vocação traída.[4]

PH: Você não é um intelectual do tipo torre de marfim. Quão importante é para você não escrever apenas para um público especializado?

ZB: Eu sou uma voz no deserto, você sabe.

PH: Não, muitas pessoas escutam você. Seus livros foram traduzidos para muitos idiomas e são lidos por milhares e milhares, senão milhões, de pessoas em todo o mundo.

ZB: Veja, cometi vários erros, julgamentos equivocados, enganos na vida. Mas havia uma constante: eu queria melhorar o mundo. E agora que estou com um pé na cova, o mundo não está melhor. Portanto, o trabalho de toda a minha vida não levou a lugar nenhum.

PH: Você acha que o mundo ficou pior ou simplesmente diferente?

ZB: Essa é uma questão muito importante e difícil de responder. O que me preocupa é como transformar palavras em ações. Essa é minha obsessão agora. Sou um velho, um homem de uma época diferente. Eu escrevo, dou palestras, viajo pelo mundo, mas meu destino é o de Norbert Elias, o autor de *O processo civilizador*.[5] Ele trabalhou com Karl Mannheim e foi aluno pessoal de Sigmund Freud. Escrevia como Freud, no mesmo estilo que aprendera quando estudante. E o que ele é hoje? Uma curiosidade, a relíquia de uma época passada. Temo estar sendo percebido da mesma maneira.

PH: Eu acho que não. Ao contrário, os jovens que não aceitam que vivemos no melhor dos mundos possíveis citam a sua obra: os adversários da globalização, membros do movimento Occupy, quem quer que rejeite o statu quo do capitalismo financeiro turbinado, de cassino.

ZB: Eu não pertenço aos tempos atuais. Norbert Elias não tentou escrever sobre sua própria época. Ele parou na Segunda Guerra Mundial. Mas estou tentando entender e investigar uma geração a que não pertenço. Eu quero saber como os membros dessa geração se sentem, o que eles fazem. Se estou fazendo isso da maneira certa, não cabe a mim julgar.

PH: Seu tipo de sociologia terá seus seguidores, estudiosos que foram inspirados por sua maneira de pensar, seus métodos de explorar o que muitos sentem, mas não conseguem formular.

ZB: Há algumas pessoas que acham isso útil. Outros acham que o que eu faço não tem nada a ver com sociologia.

PH: Essa é a torre de marfim falando: os estudiosos que querem se manter isolados porque não conseguem se fazer entender pelos outros.

ZB: Eu não me importo com o modo como os críticos me veem ou como eles me chamam. O que é importante para mim é se o que faço fala a alguém, corresponde aos seus sentimentos e necessidades, ou se é totalmente inútil. As fronteiras entre os campos científicos são definidas por requisitos burocráticos. Há uma administração; fundos devem ser alocados, tarefas designadas aos estudantes e doutorados concluídos. Um subproduto de tudo isso é a prevenção de uma fusão de diferentes campos. O que representa uma perda, em particular no caso da sociologia, a ciência da vida humana. As pessoas não vivem dentro dos limites das disciplinas acadêmicas. Elas não praticam psicologia pela manhã, economia ao meio-dia e política tarde da noite. Do ponto de vista da experiência humana, essas são divisões artificiais.

PH: Então você é um homem do Renascimento, um erudito universal, interessado em tudo o que é interessante.

ZB: Não, não sou assim, porque há uma diferença decisiva. Durante o Renascimento, as pessoas tinham a vantagem de ainda nutrir essa visão do mundo como um todo compreensível. Ainda tinham a capacidade de processar e tornar qualquer informação compreensível a todos. Quando John Stuart Mill publicou seus *Princípios de economia política*,[6] o livro foi resenhado pelo pintor John Ruskin, pelo biólogo Charles Darwin e pelo escritor Charles Dickens. Hoje isso seria inconcebível. Um livro sobre economia! Indivíduos de todos os tipos de profissões e estratos sociais consideraram seu dever reagir porque era um evento cultural, e eles eram todos homens de cultura. Essa era a vantagem dos homens da Renascença. Eles viveram antes da rápida expansão do conhecimento e sua divisão em disciplinas especializadas. Estamos muito longe dessa era. Como você deve saber, a edição de domingo do *New York Times* contém mais informações do que um homem do Renascimento digeria ao longo de sua vida — uma única edição de domingo.

PH: Mas você tem a curiosidade de um homem do Renascimento.

ZB: Quando menino, eu estava convencido de que não tínhamos conhecimento suficiente para saber o que deveríamos fazer. Eu acreditava que mais estudos, mais livros, mais pesquisas seriam necessários, e então saberíamos o que deveria ser feito. Hoje, acredito exatamente no oposto. Na elaboração de um plano de ação razoável, a dificuldade que enfrentamos não reside na falta, mas na superabundância de informações. Experimentamos isso diariamente. Se você procurar no Google uma resposta para uma pergunta, obterá milhões de sugestões. Como seria possível olhar todas elas? Uma vida inteira não seria longa o bastante. Vivemos num mundo transbordante de informações e, ao mesmo tempo, estamos condenados para sempre a nos sentirmos insuficientemente informados. Essa é a diferença entre o Renascimento e a época atual. Internet, Facebook, LinkedIn, televisão, jornais... Não posso ser um homem do Renascimento. Ninguém pode. É tarde demais. O Renascimento foi diferente. Eles tiveram sorte, os desgraçados!

PH: Então, o que você pode ser hoje?

ZB: Pode-se esperar que alguém considere útil o que você faz. Que há um sentido na vida. No que me diz respeito, sinto um leve desespero. Produzi algumas boas ideias, mas elas não deixaram vestígios no mundo.

PH: Com todo o respeito, não acredito que esteja em posição de julgar isso. Há tendências na vida intelectual e, no que diz respeito à valorização do seu trabalho, existem alguns sinais positivos. Depois dos eventos de 1989, seu compatriota Stanisław Lem teve os mesmos sentimentos que você está descrevendo. Apesar de ser um autor de renome mundial, ninguém na Polônia se interessava mais por ele. E então, após a experiência negativa da Polônia com o capitalismo de laissez-faire, todos queriam fazer uma peregrinação ao sábio de Cracóvia. Você conhece a obra dele?

ZB: Sim, possuo suas obras reunidas em polonês. Lem era uma combinação peculiar: um cientista verdadeiramente profundo e um filósofo muito profundo. Isso é raro. Também era um escritor muito bom.

PH: Com um senso de humor maravilhoso.

ZB: Incomparável. A única pessoa com quem eu poderia compará-lo seria Umberto Eco. Ele tinha uma combinação semelhante de talentos.

PH: Lem disse certa vez que, embora Umberto Eco pudesse recorrer às enciclopédias da Idade Média para escrever seu romance *O nome* *da rosa*,[7] ele, Lem, precisou escrever, ele mesmo, todas as enciclopédias para seus romances futuristas. Evidentemente, havia alguma maldade por trás dessa observação: ele disse isso para aludir ao seu gênio. Ele sabia quem era.

ZB: Umberto Eco fez o mesmo — em relação à hiper-realidade, o direito à falsificação. Ele era fantástico, uma enciclopédia ambulante. Qualquer ensaio curto dele apresenta uma quantidade intimidante de conhecimento numa combinação idiossincrática.

PH: Como no seu caso.

ZB: Não. Comparado a pessoas como Lem ou Eco, sou muito superficial. Não tenho grandes expectativas. Eu gostaria de acreditar que o que escrevi e pensei causou algum efeito.

PH: Você ainda pesquisa, mas não dá mais aula. Você sente falta?

ZB: Os alunos me mantinham alerta. Eles estavam ansiosos por aprender, contradiziam-me e incentivavam-me. Eles faziam uma pergunta; eu dava uma explicação e eles ficavam satisfeitos. Mas enquanto dava a explicação, eu reconhecia que não havia entendido o problema sozinho. A interação com os alunos era parte essencial do meu trabalho. Sem ela, eu não teria sido capaz de formular algo com clareza, de articular um problema. Agora não tenho mais alunos regulares, mas continuo desafiado e me vejo em situações em que posso enxergar os limites do meu entendimento. Aleksandra, minha segunda esposa, é muito crítica, e isso ajuda. Ela é professora da Universidade de Varsóvia, uma ótima socióloga. Substitui uma legião de estudantes.

PH: Você costumava viajar muito e ainda viaja hoje. Você tem contatos em todo o mundo, na Rússia, China, Alemanha, França. Viajar é importante para você?

ZB: Minhas viagens frequentes podem ter algo a ver com a maneira como meus pensamentos são pensados — isto é, no decorrer da conversa. Como não tenho mais alunos regulares com quem me estimular, dou palestras como convidado que me permitem aprender, receber feedback explícito ou tácito e ver se minhas ideias ainda malcozidas têm um gosto bom. Desse modo, descubro quais são os ingredientes adicionais necessários para tornar o produto palatável e, assim, concluir o processo de cozimento. Depois de minhas excursões de palestras, geralmente volto mais preparado para trabalhos futuros. Mas rejeito muitos convites pelos protestos do meu corpo idoso.

PH: E as viagens para ver pontos turísticos, para vivenciar algo?

ZB: Não tenho um osso turístico em meu corpo. Não tenho interesse em ir a algum lugar apenas para satisfazer minha curiosidade — ainda mais sabendo que posso visitar quase todas as galerias de arte do planeta na internet, sem precisar gastar um tempo precioso no espaço vazio do aeroporto.

· 5 ·

Poder e identidade

Modernidade: Sobre a compulsão de não
ser ninguém, ou se tornar outra pessoa

PETER HAFFNER: Entre os autores que influenciaram sua formação estão dois que não pertencem à sua área de especialização, a sociologia: o escritor Franz Kafka e o médico e psicanalista Sigmund Freud. O que eles podem nos dizer sobre a condição humana hoje — sobre nossa vida?

ZYGMUNT BAUMAN: Não é uma pergunta fácil de responder. Como você pode identificar o que eles têm a nos ensinar hoje? O pensamento do presente é um produto comunal de autores como eles. Uma vez universalmente aceita, uma ideia morre porque ninguém se lembra de onde veio. Ela pertence então à classe dos truísmos. Kafka foi absolutamente revolucionário; Freud foi absolutamente revolucionário. Quando pensamos sobre eles hoje, são ortodoxos. As ideias começam suas vidas como heresia, continuam na ortodoxia e acabam como superstição. Esse é o destino de todo pensamento na história. As ideias de Kafka e Freud estão unidas no sentido de que se tornaram doxa, na acepção grega antiga. Elas são, em geral, opiniões sustentadas.

PH: Então o que havia de revolucionário em Kafka?

ZB: Suas análises do poder e da culpa. *O processo* e *O castelo* são dois documentos fundamentais da modernidade.[1] Na minha opinião, ninguém melhorou as análises do poder feitas por Kafka. Veja *O processo*. Alguém é acusado. Ele quer saber por que é acusado, mas não consegue descobrir. Ele quer dar uma justificativa, mas não sabe do quê. Está cheio de boa vontade e determinado a visitar qualquer instituição que possa lhe fornecer pistas. Ele tenta em vão conseguir acesso ao tribunal. Por fim, é executado sem nunca ter sabido o que o tornou culpado. Sua culpa consiste em ter sido acusado.

PH: O princípio fundamental do processo penal num Estado de direito é a presunção da inocência: o acusado é inocente até que se prove sua culpa.

ZB: Kafka mostra que é o contrário. Uma vez que indivíduos inocentes não são acusados, quem quer que seja acusado deve ser culpado. Por ser considerado culpado, o protagonista Josef K. se torna um criminoso. Ele deve provar sua própria inocência. Mas, para fazer isso, precisa saber do que está sendo acusado. E ele não sabe, e ninguém lhe diz. É uma situação trágica.

PH: E em *O castelo*?

ZB: K., o protagonista do romance, supõe que certas pessoas lá no alto do castelo devem ser seres racionais, embora ele não as conheça, nem elas a ele. Tudo é misterioso, impenetrável e inacessível. K. luta em vão pelo reconhecimento de sua existência profissional e privada. Mas ele continua acreditando que os funcionários do castelo se comportarão de maneira racional e que poderá conversar com eles sobre os motivos de sua derrota. Kafka nos conta muito pouco sobre K., mas pelo texto entendemos que ele deve ser uma pessoa culta. É um homem racional — alguém que, como diria Max Weber, escolhe os meios apropriados para seus fins e supõe que os outros também são racionais. Mas não é o caso, e esse é o grande erro que ele comete, pois o poder dos habitantes do castelo consiste precisamente no fato de que eles se comportam de forma irracional. Se se comportassem racionalmente, seria possível negociar com eles, talvez convencê-los ou lutar contra eles e vencer. Mas se são seres irracionais, se seu poder se baseia em sua irracionalidade, isso é impossível.

PH: O agrimensor K. não consegue nem chegar perto do castelo: o caminho não está onde deveria estar; a linha telefônica não funciona. Os senhores do castelo são como Deus, o Todo-Poderoso, cujos julgamentos são insondáveis, como diz a Bíblia.[2]

ZB: No que considero sua obra mais importante, *Teologia política*, Carl Schmitt, o filósofo político e jurista nazista, refletiu sobre o que significa ser um soberano. Sua ideia era ousada: o soberano é um Deus secular. Como Deus, ele toma decisões que não precisa explicar nem justificar. Ele não deve nada a ninguém. Ele não discute, decide. Não posso provar, mas acho que Carl Schmitt se inspirou em Kafka. Kafka disse algo semelhante, embora com menos palavras.[3]

PH: Theodor W. Adorno considerava Kafka um visionário que, em *O castelo* e *O processo*, antecipou de forma literária o terror dos nazistas e a hierarquia e as estruturas de poder do totalitarismo em geral.

ZB: Você leu a Bíblia?

PH: Grandes partes dela.

ZB: Muitas pessoas não leram. Você se lembra do Livro de Jó? Nele, em uma de Suas raras conversas com um ser humano, Deus diz muito claramente: "Vou fazer-lhe perguntas, e você me responderá". Deus se recusa a dar qualquer explicação para o que faz. Ser Deus significa não dever explicações aos seres humanos.

PH: Ainda é um tanto estranho que, entre todas as pessoas, um católico como Schmitt deificasse ditadores como Mussolini e Hitler.

ZB: Hoje, Carl Schmitt é um autor preferido da elite intelectual e foi resgatado da ignomínia de ser conhecido como um nazista abominável. Houve um tempo em que ele foi culpabilizado, desgraçado, um tempo em que seu passado não estava esquecido. Mas hoje sua fama foi restaurada.

PH: Por que Sigmund Freud é importante para você?

ZB: Como Kafka, Freud tornou-se parte de nosso pensamento — propriedade comum, por assim dizer. Estamos familiarizados com conceitos como o inconsciente, com "isso", "eu" e "supereu". O filósofo, sociólogo e psicólogo americano George Herbert Mead, que deu uma contribuição substancial ao nosso pensamento sobre identidade, não usa esses termos, mas, em última análise, tem a mesma coisa em mente quando fala de "eu" e "mim". "Eu" sou o que resulta do meu pensamento, o que realmente sou, o que é autêntico. Mas estou dividido porque, além desse "eu" interno, existe o "mim" externo: ou seja, o que as pessoas ao meu redor pensam sobre mim, como as pessoas me veem, o que as pessoas acreditam sobre como eu realmente sou. Nossas vidas são uma luta por uma coexistência pacífica entre o "eu" e o "mim". É uma outra maneira de contar a mesma história que Freud contou.

PH: Mead diz que a identidade de um indivíduo é determinada por meio de interações com outros indivíduos. Existem vários "mim" diferentes, e a tarefa do "eu" é sintetizá-los numa autoimagem coerente. A identidade em sua forma atual, na modernidade "líquida" ou "passageira", tem algo a ver com essa interação, mas é muito mais complexa. Hoje todo mundo tem não apenas vários "mim", mas também vários "eu". Você se preocupou com esse fenômeno em particular.

ZB: Hoje, a identidade é uma questão de negociação. É realmente líquida. Não nascemos com uma identidade que nos é dada de uma vez por todas e não mudará. Além do mais, podemos ter várias identidades ao mesmo tempo. Numa conversa no Facebook, você pode escolher uma determinada identidade, e na próxima conversa pode escolher outra. Você pode mudar sua identidade a qualquer momento, e diferentes identidades entram e saem de moda. Essa interação entre "eu" e "supereu", ou "eu" e "mim", faz parte do nosso trabalho diário. Freud preparou o terreno para nossa compreensão dessa interação.

PH: A ideia da identidade como uma espécie de acessório de moda é algo que você discute no contexto de sua crítica ao consumismo desenfreado de hoje. Você diz que a sociedade de consumo dificulta ser feliz porque depende de sermos infelizes.

ZB: "Infeliz" é uma palavra grandiosa demais nesse contexto. Qualquer gerente de marketing insistiria em que seus produtos satisfazem os consumidores. Se isso fosse verdade, não teríamos uma economia de consumo. Se as necessidades fossem genuinamente satisfeitas, não haveria razão para substituir um produto por outro.

PH: A esquerda de 1968 chamou isso de "terror do consumismo". Qual é a diferença entre consumo e consumismo?

ZB: O consumo é uma característica de cada pessoa, e o consumismo, uma característica da sociedade. Nas sociedades consumistas, a capacidade de querer, desejar e ansiar algo está dissociada do indivíduo. Ela é reificada, o que significa que se torna uma força externa ao indivíduo. É difícil, quase impossível, resistir a essa força porque todos estão sujeitos a ela. O desejo de satisfazer a todas as necessidades criadas comercialmente se torna um vício que toma conta da sociedade como um todo.

PH: O que isso significa em termos concretos?

ZB: Se quisermos entender isso, precisamos dar uma olhada na história. No final do século XIX, muitos artesãos perderam suas oficinas e caíram na pobreza. Mas os novos proprietários de fábricas, cujas ações levaram a essa situação, tiveram dificuldades em encontrar trabalhadores suficientes. Enquanto tivessem o pão de cada dia, as pessoas não estavam dispostas a se submeter à disciplina exigida pela fábrica. Os pioneiros da moderna economia de mercado temiam os artesãos tradicionais. O bicho-papão da economia de consumo hoje é o consumidor tradicional, a pessoa que está satisfeita com os produtos que compra. Em contraste com as formas anteriores de consumo, o consumismo conecta a felicidade não exatamente à satisfação das necessidades, mas ao crescimento do número de desejos. Esse crescimento requer uma rápida sucessão de objetos para satisfazer os desejos. Embora a sociedade consumista declare a satisfação do cliente como sua meta, um cliente satisfeito é, na verdade, sua maior ameaça, porque ela só continua a florescer enquanto seus membros estiverem insatisfeitos. O principal objetivo do marketing não é criar novas commodities, mas criar novas necessidades. É por isso que produtos que apenas um momento atrás eram a última moda, e descritos como objetos de desejo pela publicidade, são repentinamente ridicularizados como "ultrapassados". Crianças de apenas cinco anos estão sendo treinadas para se tornarem consumidores insaciáveis. No domingo, vão às compras com os pais, num mundo repleto de mercadorias interessantes, excitantes e sedutoras. As coisas são compradas e guardadas até que a pessoa se canse delas e as jogue fora.

PH: O mercado inclui não apenas commodities, mas também consumidores. Como você diz, eles também estão se tornando mercadorias, o que nos traz de volta à questão da identidade.

ZB: A cultura do consumismo se caracteriza por uma pressão para ser outra pessoa, para adquirir características para as quais existe demanda no mercado. Hoje você precisa se preocupar com seu marketing, se conceber como mercadoria, como produto que pode atrair uma clientela. Membros de pleno direito da sociedade consumista são os próprios bens de consumo. Paradoxalmente, no entanto, essa compulsão de imitar qualquer estilo de vida que está sendo apontado como desejável pelos marqueteiros e, portanto, a compulsão de revisar a própria identidade, não é percebida como uma pressão externa, mas como uma manifestação de liberdade pessoal.

PH: Muitos adolescentes de hoje não têm ideias concretas sobre que carreira seguir, a não ser o objetivo de se tornarem famosos com a ajuda de postagens no YouTube ou por qualquer outro meio. O que isso significa?

ZB: Para eles, ser famoso significa aparecer nas primeiras páginas de milhares de jornais ou em milhões de telas, ser objeto de conversa, ser percebido e estar em demanda, assim como as bolsas, sapatos e engenhocas das revistas brilhantes que eles, por sua vez, desejam. Transformar-se numa mercadoria desejável e comercializável aumenta as chances de alguém na competição pela parte do leão de atenção, fama e riqueza. É disso que são feitos os sonhos e os contos de fadas atuais.

PH: Segundo o sociólogo francês François de Singly, a identidade não é mais uma questão de raízes. Em vez disso, ele usa a metáfora da âncora. Ao contrário de desenraizar-se, libertando-se da tutela social, não há nada de irreversível ou definitivo no levantamento de uma âncora. Do que você não gosta nisso?

ZB: Só podemos nos tornar outra pessoa se deixarmos de ser quem somos agora, então precisamos descartar perpetuamente nosso eu anterior. Pelo fluxo constante de novas opções, logo passamos a ver nosso eu atual como antiquado, insatisfatório e limitante.

PH: Não há algo de libertador na capacidade de transformar quem somos? Nos Estados Unidos, no Novo Mundo, esse era e ainda é o mantra: reinvente-se!

ZB: Evidentemente, não se trata de uma estratégia nova: dar as costas e fugir quando as coisas ficam difíceis. As pessoas sempre tentaram isso. O que é novo, porém, é o desejo de fugir de nós mesmos e escolher um novo eu num catálogo. O que pode começar como um passo autoconfiante em direção a um novo horizonte logo se transforma numa rotina obsessiva. O libertador "Você pode se tornar outra pessoa" se torna o compulsivo "Você deve se tornar outra pessoa". Esse sentimento de obrigação dificilmente se assemelha à liberdade que as pessoas buscam, e muitas delas se rebelam contra isso justo por esse motivo.

PH: O que significa ser livre?

ZB: Ser livre significa ser capaz de perseguir seus próprios desejos e objetivos. A arte de viver orientada para o consumo na era da modernidade líquida promete essa liberdade, mas não cumpre sua promessa.

PH: Isso nos traz de volta a Sigmund Freud, que tratou da relação entre liberdade e segurança em *O mal-estar na civilização*.[4] Ele escreveu sobre a oposição entre civilização e instinto. É impossível alcançar a realização em um deles sem desistir do outro: a civilização é a renúncia à gratificação instintiva.

ZB: Freud é uma inspiração diária para mim em tantas questões. Ele definiu a civilização como um acordo, uma troca de valores. Existem dois valores que são importantes para nós. Queremos perseguir os dois, mas infelizmente não podemos. Quanto mais alcançamos um deles, menos conseguimos do outro. Em 1929, Freud escreveu que as principais aflições psicológicas da época surgem porque sacrificamos uma grande quantidade de liberdade pessoal a fim de desfrutar da maior segurança fornecida pela civilização — segurança contra todos os tipos de perigos: forças naturais, doenças antes incuráveis, vizinhos violentos que andam por aí armados com facas e, claro, nossos próprios instintos mórbidos. Nosso comportamento se torna civilizado. Desenvolvemos a capacidade de resistir à orientação falsa do instinto, como disse o sociólogo canadense Erving Goffman. Não atacamos as pessoas só porque não gostamos delas. Não sucumbimos ao nosso desejo de vingança. Demonstramos uma indiferença civilizada, um tipo de atitude que sinaliza que não somos agressivos, mas tolerantes, o que envolve simplesmente não prestar atenção em alguém. Mostrar indiferença também é uma conquista da civilização.

PH: Goffman fala de "desatenção civil". Para Richard Sennett, civilidade significa "proteger os outros de serem oprimidos por si mesmos".[5] Essa virtude, no entanto, foi descartada na era da selfie. Não tememos, como Freud, que nos falte liberdade — especialmente porque a satisfação do desejo sexual é muito menos restrita hoje do que na Viena do *fin de siècle*.

ZB: Se hoje Sigmund Freud estivesse sentado aqui no meu lugar, provavelmente ainda diria que a civilização é uma troca, mas acho que ele viraria seu diagnóstico de cabeça para baixo. Ele diria que as aflições psicológicas do presente resultam do fato de termos perdido muito de nossa segurança em favor de um reino desprotegido de liberdade. É nisso que estou interessado. Eu não poderia imaginar meu trabalho sem essa inspiração freudiana. Na melhor das hipóteses, tudo o que estou fazendo é revisar suas descobertas à luz dos acontecimentos.

PH: Qual é a segurança, então, que sacrificamos pelas liberdades de que desfrutamos?

ZB: Somos agora responsáveis por encontrar soluções para problemas que não criamos. Sempre volto ao falecido sociólogo Ulrich

Beck sobre essa questão: os indivíduos de hoje, diz ele, devem usar seus próprios talentos e sua engenhosidade para encontrar soluções individuais para problemas sociais. Em contraste com outros tempos, esses problemas não são mais produzidos isolados em Paris, Berlim ou Varsóvia, mas globalmente. Não há para onde ir. Vivemos num "espaço de fluxos", como diz o sociólogo espanhol Manuel Castells. Tudo está em fluxo. Os problemas se movem, causados extraterritorialmente, e não são contidos por regras e leis locais. Um empresário que se sente amarrado pode, a qualquer momento, se mudar para outro lugar ou transferir seu capital para outro lugar.

PH: Isso é menos verdadeiro para os empregados; eles têm menos mobilidade. Essa é a razão dos protestos contra a globalização.

ZB: Na maioria dos países vemos, por causa disso, apelos por um governo forte. O povo está farto de ser livre sem limitação, porque essa liberdade tem riscos inerentes. Não há liberdade sem risco. Pela extensão em que a sociedade é privatizada e individualizada, somos todos indivíduos por decreto. Não podemos abandonar os deveres do indivíduo; eles são exigidos de nós. Por um lado, isso é uma bênção. Somos capazes de servir a nós mesmos, de determinar por nós mesmos quem devemos ser. Mas, por outro lado, estamos sempre frustrados. Sentimos constantemente que somos insuficientes. Essa perda torna o indivíduo um órfão.

PH: Como era quando você era jovem?

ZB: Quando eu era jovem, o pesadelo era ser um não conformista. O objetivo era não desviar. Hoje, o pesadelo é não estar à altura da tarefa. Em toda a Europa, as pessoas estão cansadas, e novos movimentos políticos, aparentemente surgidos do nada, estão fazendo grandes promessas. Algo semelhante aconteceu nos anos 1970, quando as pessoas sonhavam que um homem forte viria e resolveria todos os problemas que se mostravam tão impossíveis. Os candidatos que aspiravam a essa função ofereciam um programa simples: "Confie em mim, me dê poder e farei o que for preciso". Esse tipo de político se declara onisciente e todo-poderoso, como aconteceu com Donald Trump nos Estados Unidos.

PH: É a busca de um pai que conserta tudo, que te pega pela mão e te conduz com segurança pela floresta escura.

ZB: Deixe-me contar dois casos fictícios sobre esse tema. O primeiro é do romance *Pavilhão de cancerosos* de Aleksandr Soljenítsin.[6] Há um personagem interessante nesse livro: um dignitário comunista que vive no pavilhão de vítimas de câncer esperando por uma operação difícil que pode muito bem matá-lo. Mas ele está feliz. É a única pessoa na enfermaria que nunca reclama. Todas as manhãs, recebe a última edição do *Pravda*, o jornal do Partido Comunista. Ele o lê e então fica sabendo quais nomes pode citar, quais nomes não deve citar e quais são os assuntos do dia. Ele não tem responsabilidade por nada; está seguro e não se preocupa. O outro exemplo vem do filme soviético *O juramento*, de Mikheil Chiaureli, um excelente diretor da Geórgia: uma obra importante no sentido cinematográfico, mas, do ponto de vista político, totalmente tóxica. Nela há uma mãe russa sem nome — uma mulher maravilhosa, amorosa e adorável — que vai até Stálin e lhe diz: "Escute, estamos em guerra há vários anos. O povo está exausto. Muitas de nós perdemos maridos, filhos, pais. Camarada Stálin, está na hora de acabar a guerra". E Stálin diz: "Sim, mãe, você tem razão. É hora de acabar com a guerra". E ele acaba com a guerra. Nenhum sociólogo seria capaz de descrever o mecanismo do poder, a onipotência de um ditador, com tanta perspicácia como esse filme.

PH: O Senhor deu, e o Senhor tirou; bendito seja o nome do Senhor. Stálin é o Deus do Livro de Jó.[7]

ZB: Por que a guerra continuava? Porque Stálin achava que ainda não era hora de acabar. As mulheres desejam que ele acabe com ela, e ele acaba. Essa é a essência da onipotência, o anseio por um líder forte. Aqueles que anseiam por um líder assim ficam frustrados com a democracia, não porque democracia signifique liberdade — isso é um absurdo —, mas porque a democracia não cumpre as promessas que faz. Os partidos políticos fazem promessas, chegam ao poder e não podem cumprir suas promessas. Não porque sejam corruptos, mas porque não estão em posição de fazê-lo.

PH: Você se envolveu profundamente com o trabalho do sociólogo da filosofia Georg Simmel, um intruso em sua disciplina, que, em certo sentido, foi seu professor. Como você, ele recorreu a material de outras áreas, da antropologia à psicologia. A influência dele, como a sua, foi muito além de sua disciplina.

ZB: Georg Simmel é o sociólogo dos sociólogos. Ao contrário de Freud ou Kafka, ele não escreveu para as massas mais instruídas. Ele lutou pelo tipo de sociologia que achava que deveríamos fazer. Aprendi a arte da sociologia com ele. Meu próprio estilo sociológico é uma imitação, uma pálida imitação de sua sociologia, da maneira como ele abordava os problemas.

PH: Em 1909, Simmel fundou a Sociedade Alemã de Sociologia, junto com Ferdinand Tönnies, Max Weber e Werner Sombart. Algumas pessoas criticavam Simmel por ser eclético.

ZB: Max Weber criticou Simmel por não distinguir entre a situação real e a percepção humana da situação — aos seus olhos um erro grave, quase um crime. Minha opinião sobre isso é decididamente diferente da de Weber, porque considero essa característica de Simmel sua maior força. Ele estava interessado na dialética entre percepção e realidade.

PH: A revolução kantiana fez dessa ideia parte de nossa herança intelectual comum, mas torná-la frutífera para a sociologia era uma novidade.

ZB: Simmel foi absolutamente revolucionário. Em alemão, há dois substantivos que são traduzidos para o inglês por um único substantivo: "experience". O alemão tem duas palavras, *Erfahrung* e *Erlebnis*.* Ambas são aspectos da "experiência", mas diferem muito. *Erfahrung* é o que acontece a mim. *Erlebnis* é o que acontece dentro de mim — o que sinto, percebo, os resultados emocionais dos eventos. Toda a minha sociologia se move no espaço entre *Erfahrung* e *Erlebnis*. É difícil para mim explicar isso a um público que fala inglês porque o inglês só tem uma palavra para isso. Os alemães entendem o que quero dizer apenas com uma frase. Para um público de língua inglesa, preciso de uma página inteira para explicar.

PH: Além de Kafka, Freud e Simmel, que outros autores tiveram grande influência sobre você?

ZB: Há vários que desempenharam um papel em meu pensamento, cada qual com estilo e substância próprios. Já mencionei Antonio Gramsci. Não posso enfatizar o suficiente o quanto devo a ele. Ele me permitiu um afastamento honroso do marxismo: só através dele pude deixar de ser um marxista ortodoxo sem me tornar um antimarxista. Meu amigo Leszek Kołakowski não conseguiu fazer isso. Ele só poderia romper com o marxismo se tornando um antimarxista. Provavelmente não leu Gramsci; não sei. Antonio Gramsci é um dos filósofos mais divertidos e humanos que conheço.

PH: E pensadores modernos?

ZB: Claude Lévi-Strauss, que é considerado o fundador do estruturalismo etnológico, é particularmente importante para mim.

---

* Em português, traduz-se *Erfahrung* por "experiência" e *Erlebnis* por "vivência". (N. T.)

Houve uma época da minha vida, no final dos anos 1960, em que fiquei encantado com Lévi-Strauss. O que tirei dele? Bem, sou muito eclético: sempre que encontro algo estimulante que se encaixa no meu pensamento, eu uso. Mas não me sinto obrigado a aceitar um pensador no atacado. O que tirei de Lévi-Strauss foi a ideia de fugir da imagem de uma cultura como corpo. Em vez de refletir sobre as diferenças entre as culturas, ele falou de métodos universais. Ele não falou de "cultura", mas de "estrutura", e entrou para a história como um estruturalista. Mas, na verdade, ele desistiu da ideia de uma estrutura, de uma determinada organização, de um arranjo de coisas. Ele insistiu na universalidade da estruturação. A estrutura, para ele, era uma atividade: não um corpo, mas uma espécie de atividade incerta e sem fim. Nada é feito de uma vez por todas; as estruturas não são ossificadas, petrificadas, imutáveis. E é exatamente assim que tento descrever a realidade, as realidades sociais e a dinâmica das realidades sociais. No centro da minha pesquisa está a cultura como um processo dinâmico que nunca está completo.

PH: Era assim também que Gramsci via. Isso é uma coisa que ele compartilha com Lévi-Strauss.

ZB: Bem, a Kafka, Freud e Simmel eu acrescentaria Antonio Gramsci e Claude Lévi-Strauss. Mas há toda uma gama de não acadêmicos, não cientistas, a quem devo muito — escritores, romancistas, acima de tudo. Milan Kundera diz que o romance é a conquista mais importante da civilização moderna. A invenção do romance acontece através da unificação da biografia e da história. A biografia e a história são parcialmente autônomas porque cada uma delas é governada por seu próprio padrão lógico, mas ao mesmo tempo uma não pode existir sem a outra. A sociologia não deve negligenciar nenhuma delas. Se fizermos isso — Deus nos livre — obteremos uma sociologia da *Erfahrung* ou uma psicologia da *Erlebnis*. Todo o objetivo da sociologia é unir as duas, a fim de demonstrar sua interação e dinâmica.

PH: Você é politicamente ativo, embora não no sentido estrito da palavra. Como cientista social, você não se contenta em fazer uma análise da sociedade. Você quer mostrar que há alternativas. Isso, para você, é o ponto principal da sociologia.

ZB: Você está certo a esse respeito. Veja, eu vivi por um tempo indesculpavelmente longo. Isso significa que experimentei uma série de tendências diferentes na sociologia. Quando comecei nesse campo, o sociólogo americano Talcott Parsons era o ditador que determinava o que era a sociologia. Sua realização mais importante foi apresentar a ideia de uma espécie de utopia liberal conservadora. Para Parsons, o papel do sociólogo era servir aos gerentes, ajudá-los a resolver seus problemas e a fazer melhor seu trabalho. Como se evita que os trabalhadores entrem em greve? Como se evita que soldados desertem e guerrilheiros cometam ataques terroristas? E assim por diante. Nós, sociólogos, pensava ele, deveríamos trazer o sistema de volta ao equilíbrio eliminando os criadores de problemas.

PH: Isso é sociologia a serviço da classe dominante.

ZB: Nos anos 1990, Michael Burawoy, um sociólogo britânico excepcionalmente brilhante, soou o alarme ao afirmar que a sociologia estava perdendo contato com a esfera pública, perdendo o tipo de relação que os filósofos franceses tinham com seu público. O que acontecera nesse ínterim fora a individualização e a privatização dos problemas sociais. Esse processo levou, em última análise, ao que o sociólogo britânico Anthony Giddens chamou de "política da vida". "Política da vida" é o que acontece quando você ou eu, ou qualquer outro indivíduo, nos tornamos o parlamento, o governo e a suprema corte ao mesmo tempo: cada um de nós deve resolver todos os problemas que enfrentamos, com nossos próprios recursos e nossa própria inventividade, mesmo se não formos responsáveis por criá-los.

· 6 ·

Sociedade e responsabilidade

Solidariedade: Por que cada um
se torna inimigo do outro

PETER HAFFNER: De seu primeiro livro sobre o movimento trabalhista britânico ao seu envolvimento com questões sobre a ética pós-moderna, seu foco mudou das classes sociais para o indivíduo. Parece que o que conta no final é menos o lugar que alguém ocupa na sociedade, e mais o que ele faz independente dela.

ZYGMUNT BAUMAN: Isso não é simplesmente uma mudança de perspectiva da classe para o indivíduo. Cheguei à conclusão de que, hoje, as classes são produtos estatísticos, e não produtos da vida real. Com base nas estatísticas, você pode postular quantas classes quiser. É possível classificar as pessoas de acordo com renda, educação, estilo de vida, respeito e prestígio de que desfrutam na sociedade, enfim, de acordo com qualquer critério concebível. Mas isso não reflete a realidade da vida; são maneiras de organizar as coisas. Essa mudança é algo que provocamos por meio dos processos de privatização e individualização. Funções que eram outrora funções sociais tornaram-se individuais. Para Max Weber — que, como quase todo mundo na época, aceitava a ideia de que a sociedade se dividia em classes —, uma classe se definia em termos de semelhanças objetivas entre as condições de vida. As pessoas pertencem à mesma classe quando estão no mesmo barco.

PH: Karl Marx, o criador do conceito de classe, falou da "classe em si" e da "classe para si", no sentido de Hegel. Tornar-se uma "classe para si" significa desenvolver uma consciência de classe.

ZB: A fim de se elevar de uma "classe em si" para uma "classe para si", uma classe deve se tornar politicamente ativa. Ela precisa entender que todos os seus membros estão no mesmo barco e têm um destino comum. Ela deve lutar para melhorar sua situação. Hoje isso com frequência não acontece. Os sindicatos perderam poder e os meios para fortalecer suas posições de negociação, como greves, não estão mais disponíveis.

PH: Quais são as consequências dessas mudanças?

ZB: O declínio dos sindicatos fez com que a autodefesa coletiva ficasse muito mais difícil. Com o desmantelamento do Estado de bem-estar social, que protegia as pessoas contra os golpes do destino e do fracasso individual, a base social da solidariedade foi ainda mais corroída. Agora cabe ao indivíduo encontrar soluções para problemas que ele não causou. O indivíduo está inteiramente sozinho e não tem as ferramentas e os recursos necessários para resolver esses problemas. Como você pode manifestar solidariedade se constantemente tem de mudar de emprego?

PH: Como chegamos a esse ponto?

ZB: Há cinquenta, sessenta anos, o modelo clássico da relação entre capital e trabalho era a fábrica da Ford. E a característica mais importante da fábrica da Ford era a dependência mútua entre o proprietário da fábrica e os trabalhadores. Os trabalhadores de Detroit, a capital da indústria automotiva, eram dependentes de Henry Ford. Eles ganhavam a vida na fábrica da Ford em Dearborn e, sem Ford, não tinham meios. Mas Ford era igualmente dependente deles. A fábrica não podia funcionar sem os trabalhadores. Eles o tornaram rico e poderoso. Mesmo que nenhum dos lados falasse sobre isso, articulasse seus sentimentos, eles sabiam exatamente que estavam condenados a uma vida em conjunto — uma vida muito longa. Sabiam que se veriam de novo amanhã, no mês seguinte, nos próximos vinte anos. Quando começava como aprendiz na Fiat ou na Peugeot, o jovem podia ter certeza de que se aposentaria na mesma empresa dentro de quarenta ou cinquenta anos, talvez com um relógio de ouro em agradecimento por suas décadas de serviço fiel.

PH: Hoje, trabalhadores ou empregados não podem mais esperar isso.

ZB: Todos devem contar com a possibilidade de que uma grande empresa engula sua pequena empresa, ou que seus patrões, por qualquer motivo, mudem seu capital para outro país, algum lugar onde os trabalhadores fiquem felizes em aceitar dois dólares por dia e nunca entrem em greve. O contrato não escrito entre capitalista e trabalhador foi rompido — de um lado. Os patrões podem ir aonde quiserem e fazer o que quiserem, enquanto os operários e empregados ainda estão vinculados a um local. Eles são *adscripti glebae*, como os servos eram chamados na Idade Média: amarrados à terra.

PH: Mas também há trabalhadores que emigram, "refugiados econômicos".

ZB: Sim, eles podem emigrar, mas a que preço? Precisam pagar somas exorbitantes aos traficantes de pessoas, embarcar numa viagem arriscada através do Mediterrâneo; depois são parados na fronteira, enfiados em assentamentos ou mandados de volta para casa. Os pobres que procuram emprego, dinheiro e melhores escolas para seus filhos ainda dependem dos patrões que compram o trabalho deles, mas os patrões não dependem mais deles. Eles vão para onde for mais lucrativo. Os efeitos disso são claros: os únicos trabalhadores que ainda fazem greve de vez em quando são os do Estado, com postos de trabalho seguros e contratos vitalícios. Seus empregos são quase eternos. Mas os mercados de trabalho em alguns países distantes são completamente desregulamentados. Ninguém pode correr o risco de entrar em greve, porque os patrões não irão à mesa de negociações para encontrar uma solução consensual.

PH: O que significa que as únicas pessoas que podem manifestar solidariedade são aquelas que realmente não têm necessidade dela.

ZB: O proletariado não é mais uma "classe para si", como nos tempos de Marx, porque agora todos são responsáveis por si próprios. Em vez de solidariedade e desenvolvimento de um senso de comunidade na força de trabalho, ocorre o oposto. Qualquer trabalhador é um concorrente em potencial. Todo mundo suspeita de todo mundo. Cada trabalhador espera que, quando a próxima rodada de racionalização, redução e terceirização vier, outra pessoa seja a vítima, se torne dispensável, e ele próprio mantenha seu emprego. É isso que interessa ao operário de hoje; ele não tem nada a ganhar unindo forças com outros. Desse modo, todo mundo se torna um inimigo em potencial, e as chances de que essa classe se eleve de "em si" para "para si" são mínimas. Em contraste, durante a época da modernidade sólida, uma fábrica fordista, quaisquer que fossem os bens que produzisse, também produzia solidariedade — uma solidariedade forçada que tinha sua base na lógica da situação. A fábrica de hoje, quaisquer que sejam os bens que produz, também produz a rivalidade.

PH: Mesmo os funcionários da classe média que antes estavam seguros agora temem esse declínio em uma massa de lobos solitários, preocupados em perder seus empregos de um dia para o outro.

ZB: Já não é controverso dizer que a desigualdade está aumentando. Economistas de diferentes escolas, aplicando critérios variados, obtêm resultados incrivelmente semelhantes. Desde o início do novo milênio, as receitas do crescimento econômico

Sociedade e responsabilidade

fluíram quase que exclusivamente para os bolsos do 1% mais rico da população — se não menos de 1% — enquanto a renda e a riqueza dos outros 99% diminuíram ou ameaçaram diminuir. Nos chamados países desenvolvidos do Norte, temos uma situação que não existia desde os anos 1920. A classe média agora faz parte do chamado "precariado". Mesmo que um membro da classe média esteja se saindo bem o suficiente, ele não tem um terreno firme para se fixar. Os membros do precariado vivem com o pesadelo permanente de acordar no dia seguinte e descobrir que seu emprego não existe mais. Sem qualquer aviso prévio, a posição de alguém pode desaparecer de um dia para o outro. Mudei meu foco da classe para o indivíduo não porque mudei meus pontos de vista, mas porque a situação mudou.

PH: Mesmo que a luta de classes seja coisa do passado, o compromisso político de se posicionar a favor ou contra algo não diminuiu — muito pelo contrário.

ZB: As pessoas se comprometem com todos os tipos de causas — ambientais, éticas, religiosas. Tem havido um ressurgimento do interesse pelas questões locais. As lutas são por subsídios do Estado para causas particulares, e nessas lutas as pessoas competem umas com as outras. Há todos os tipos de conflitos e antagonismos, mas nenhum deles pode ser apreendido em termos de classe. A única batalha que lembra a luta de classes é a entre ricos e pobres. Esse é o tema do meu livro *Retrotopia*:[1] as "duas nações" das quais Benjamin Disraeli, o estadista e escritor conservador britânico, falou em seu romance de 1845, *Sybil, ou as duas nações*. O romance de Disraeli apresenta o trabalhador radical Walter Gerard, que fala das "duas nações" do país,

> entre as quais não há comunicação nem simpatia; que são tão ignorantes dos hábitos, pensamentos e sentimentos uma da outra como se fossem habitantes de zonas diferentes, ou habitantes de planetas diferentes; que são formadas por uma raça diferente, são

alimentadas por um alimento diferente, são ordenadas por maneiras diferentes e não são governadas pelas mesmas leis.[2]

Em outras palavras, como outro personagem, Charles Egremont, comenta: "Os ricos e os pobres". É uma imagem adequada para a situação em que nos encontramos hoje, 170 anos depois. Mas ricos e pobres não são classes, embora a batalha entre eles possa se expressar em termos sociais; e, ao contrário de uma opinião generalizada, as revoluções tampouco são realizadas por pessoas que vivem na pobreza. Os pobres seriam os soldados rasos, e a ideia de uni-los sob uma bandeira, uma bandeira de classe, vem da intelligentsia, de pessoas instruídas que têm tempo para pensar. Mas hoje não há uma intelectualidade oferecendo algo parecido com essa ideia, nem candidatos a servir de soldados rasos que estariam preparados para aceitar a oferta. Essa é a minha resposta à sua pergunta sobre a mudança de foco. Acho que a realidade social se transformou.

PH: Não faz muito tempo que a luta contra a pobreza, pelo menos nos países industrializados ocidentais, parecia quase ganha.

ZB: Desde a análise de Disraeli, foram muitos os esforços realizados para acabar com a pobreza, e nas décadas seguintes à guerra havia uma crença de que a "divisão em duas nações" seria eliminada em breve. Salários dignos para os trabalhadores, essa era a saída da pobreza. E era considerada tarefa do governo usar os gastos públicos para garantir o pleno emprego, porque a economia por si só não seria capaz de oferecer nada parecido. As pessoas estavam convencidas de que a "a guerra contra a pobreza deve ser travada e conduzida por órgãos que empreguem armas políticas".[3]

PH: Hoje isso seria difícil, principalmente porque, como você diz, o poder e a política se separaram. Como isso aconteceu e o que significa?

ZB: Quando eu era estudante, há mais de meio século, o Estado-nação ainda era a instituição suprema. Dentro de seu território, era soberano em todos os aspectos — econômico, militar e cultural. Agora já não é mais assim. O poder migrou para fora da política: primeiro, para o espaço global, onde as corporações multinacionais governam; em segundo lugar, para mercados de consumo que não podem ser dirigidos e controlados democraticamente; e em terceiro lugar, para os cidadãos, que precisam resolver os problemas sociais com meios privados em lugar dos meios políticos tradicionais — a "política da vida", como é chamada.

PH: Enquanto os realmente poderosos — bancos e corporações — operam no plano global, a influência dos políticos continua local. Como controlarmos o poder se não temos os meios para isso?

ZB: Unir novamente política e poder é o maior desafio deste século. Os problemas causados ou agravados pela globalização não podem ser resolvidos no plano local. Isso só pode ser feito no nível global. Para fazer isso, a política teria que se tornar poderosa o bastante.

PH: Mas ela não tem esse poder, como você repete sem parar.

ZB: A política é impotente. As decisões tomadas por políticos, pelo povo de Zurique, Budapeste ou Estocolmo, só são válidas dentro de suas áreas locais de autoridade. Essas são, na verdade, as mesmas comunidades locais de quatrocentos anos atrás. O poder está globalizado, mas a política é tão local quanto sempre foi. As pessoas que decidem o seu futuro e o de seus filhos nem moram no mesmo país que você. Os poderes que exercem maior influência sobre as condições de vida humana e as perspectivas para o futuro operam globalmente. Eles agem no que chamei antes de "espaço de fluxos"; ignoram deliberadamente as fronteiras, as leis e os interesses de entidades políticas. A política, ao contrário, permanece dentro do "espaço dos lugares". Enquanto a política continua a perder poder, esses poderes continuam a se emancipar das limitações e dos controles políticos. Ninguém pode tocá-los. E nada vai mudar a esse respeito no futuro próximo. Estamos presos nessa situação em que precisamos de todos os nossos recursos privados para lidar com problemas que não fomos nós que criamos. Somos uma sociedade de indivíduos que devem tomar suas próprias decisões e assumir a responsabilidade pelas consequências.

PH: Era mais simples nos tempos antigos?

ZB: Cresci durante um período da história europeia em que as pessoas se dividiam em campos políticos: esquerda e direita, liberais e conservadores, comunistas e nazistas. Mas em um ponto todos estavam de acordo: eles sabiam que existia um Estado que tinha poder, praticava a política e tinha as ferramentas e os recursos necessários para tomar medidas eficazes. O único problema era, portanto, como aproveitar o poder do Estado para fazer as mudanças que se queria ver. As pessoas que sofreram as consequências da crise econômica global dos anos 1920 e 1930 tinham um plano. Com ou sem razão, elas acreditavam que um Estado forte — fosse nacional-socialista ou comunista — seria capaz de resolver os problemas. As pessoas que acreditavam num Estado todo-poderoso não eram apenas os totalitários, como os nazistas e os comunistas, mas também, por exemplo, o presidente dos Estados Unidos Franklin Delano Roosevelt, com seu New Deal, e as democracias ocidentais que criaram Estados de bem-estar social e lutaram contra o desemprego, a pobreza e a fome após a Segunda Guerra Mundial. Hoje, isso não é mais possível. Se você comparar a Grande Depressão da década de 1930 com a crise financeira de 2007-8, a diferença é clara. Quando eu era jovem, discutíamos sobre o que precisava ser feito. Hoje, a questão principal é quem seria capaz de fazê-lo.

PH: Naquela época, Estado, capital e trabalho parecem ter formado uma espécie de triângulo estável.

ZB: Durante o período de dependência mútua do trabalho e do capital, o papel do Estado era facilitar o processo de troca entre os dois parceiros sociais. O Estado se sentia obrigado a preservar a força de trabalho como uma mercadoria atraente para os compradores em potencial. Isso significava subsidiar educação, saúde, habitação e assim por diante. Essa divisão de responsabilidades beneficiou os três atores e, se alguém lhes perguntasse, provavelmente teriam dito a respeito desse arranjo o que Churchill disse da democracia: que era a pior solução, afora todas as outras. Mas a trégua entre capital e trabalho, presidida pelo Estado, terminou de repente. Sugeriram-se muitas razões para esse colapso, mas o cancelamento unilateral pelos patrões da mutualidade da dependência capital-trabalho — desencadeado pela globalização, mas entusiasticamente auxiliado e incitado pelo desmantelamento realizado pelo Estado das restrições impostas à ganância dos capitalistas, e da estrutura e do tecido da defensabilidade de suas vítimas — parece ser o principal candidato a ocupar o primeiro lugar.[4]

PH: O que aconteceu com a crença num Estado forte?

ZB: Na década de 1970, o Estado se tornou impopular porque não era capaz de cumprir suas promessas. O Estado de bem-estar social estava em declínio terminal. Faltavam-lhe recursos, e as pessoas estavam cansadas de um Estado que decidia tudo, privando-as de sua liberdade. A taxa de inflação disparou a alturas vertiginosas; o desemprego aumentou. A Europa do pós-guerra foi construída sobre a promessa fundamental de pleno emprego. Essa era a essência da política: devemos ser capazes de dar emprego para todos os que precisam. Por um tempo, tudo correu muito bem. Entre 1945 e 1970, a desigualdade social diminuiu e o baixo nível de desemprego que persistia era considerado uma ressaca de anos anteriores. O período do pós-guerra foi excepcional. Quando acabou, quando o desemprego aumentou e a desigualdade social cresceu, o Estado não foi mais visto como um salvador. Contudo, a situação ainda não era tão dramática como a que vivemos hoje. As esperanças depositadas no Estado foram frustradas, mas houve uma substituição, uma ideologia substituta, que foi o mercado. Vamos liberar as forças do mercado, remover obstáculos e regulamentações, passar da estabilidade à flexibilidade, e um milagre acontecerá — assim se dizia. O mercado encontrará o que nossos políticos não conseguiram: as soluções definitivas para os problemas sociais. Você se lembra de Margaret Thatcher, Ronald Reagan? Formadores de opinião neoliberais, como o economista americano Milton Friedman e o político britânico Keith Joseph, eram as principais vozes, enquanto aqueles que alertavam sobre os potenciais perigos e conflitos inerentes à nova ideologia, como o sociólogo britânico Frank Parkin ou o economista e historiador americano Robert Heilbroner, não foram ouvidos. Desregulamente, privatize, deixe tudo na mão invisível do mercado, e tudo ficará bem — era esse o pensamento.

PH: A recente crise financeira também abalou essa confiança.

ZB: A reconstrução do pós-guerra, o crescimento econômico, o quase pleno emprego sob a égide do Estado — tudo isso funcionou muito bem durante trinta anos, da década de 1940 à de 1970. E a ideologia neoliberal de dominação do mercado também funcionou muito bem por trinta anos. Todos nós ficamos enfeitiçados por ela. Aceitamos com gratidão cada nova oferta de cartão de crédito que o carteiro nos entregava; podíamos gastar dinheiro que não tínhamos. Eles nos lotaram de cartões de crédito. Foi assim que funcionou bem. Mas é evidente, como acontece com qualquer solução mágica, que isso tinha seus limites. E assim, nossa segunda grande esperança também foi perdida. O colapso do sistema de crédito e dos bancos em 2007-8 difere das crises dos anos 1930 e

1970 porque agora não acreditamos nem no Estado nem no mercado. É por isso que chamo esse período de interregno, no sentido — moderno — que Antonio Gramsci dá ao termo. Ele definiu interregno como um período em que todas as velhas maneiras de fazer algo não funcionam mais, porém as novas maneiras ainda não foram inventadas. Essa é a situação em que estamos hoje. Tudo o que sabemos é que nem o Estado nem o mercado são capazes de reparar os danos que eles próprios causaram. Ambos precisam ser controlados — isso está claro. Mas não sabemos como devem ser controlados. Mercados descontrolados são perigosos e o Estado é impotente. A questão principal é: quem fará o que precisa ser feito? Isso representa uma crise séria e que se aprofunda tanto para os socialistas utópicos quanto para os defensores de vários programas de política social concorrentes.

PH: Mas também há uma rebelião contínua contra essa estase.

ZB: Em seu romance de 2008 *Diário de um ano ruim*, o escritor sul-africano J. M. Coetzee disse que a escolha tradicional entre "plácida servidão de um lado e revolta contra a servidão de outro" foi descartada em favor de uma atitude "escolhida por milhares e milhões" que ele chama de "quietismo", isto é, passividade total, "obscurantismo voluntário" e "emigração interior".[5] Essa tendência, penso eu, deriva do rompimento da comunicação entre a elite e o resto da população. Os discursos da política do Estado, por um lado, e a política das pessoas comuns, por outro, correm paralelos e entram em contato apenas por instantes fugazes. Nesses pontos, a raiva e a amargura explodem, e a faísca de um engajamento político extinto se acende por um momento.

PH: E quanto aos protestos do movimento antiglobalização e do movimento Occupy, que vemos nas manchetes?

ZB: As pessoas vão para as ruas e se sentam em parques ou praças públicas por semanas, e esperam poder ocupar Wall Street.

Todo mundo tomou conhecimento disso. O único lugar que não tomou conhecimento disso foi Wall Street. Wall Street segue em frente como antes. Não encontramos nada que funcione. Por esse motivo, minha visão é muito sombria, mas por outro lado nunca estivemos nesse tipo de situação antes. A história viu muitas crises, mas sempre houve a convicção de que, se mudarmos isso ou aquilo, tudo ficará bem de novo. Mas não consigo ver o que seria esse antídoto. Isso é o que me incomoda. Sabemos o que não queremos. Estamos fugindo de uma coisa que não funciona. Mas não sabemos para onde vamos.

PH: Qual poderia ser o ponto de partida?

ZB: Um livro publicado recentemente pelo sociólogo americano Benjamin Barber, com o provocativo título de *If Mayors Ruled the World* [Se os prefeitos governassem o mundo], é muito estimulante.[6] A ideia de Barber é simples. As mudanças necessárias não podem ser feitas no nível do Estado ou no nível da "política da vida". O Estado-nação, que emergiu da Paz de Vestfália em 1648, foi um instrumento para conquistar a independência. Porém, nosso problema de hoje é que todos dependemos uns dos outros, e o Estado territorial soberano não é capaz de resolver problemas interdependentes. O mesmo se aplica à política da vida, que sobrecarrega o indivíduo com a responsabilidade de lidar com os problemas sociais. A política da vida não pode resolver os problemas planetários porque nem você nem eu, nem mesmo os megarricos, temos os recursos necessários.

PH: Então quem vai nos salvar?

ZB: A resposta de Barber é: os prefeitos das grandes cidades. Pela primeira vez na história, mais da metade da população da Terra vive em cidades; nos países em desenvolvimento, o número chega a 70%. As grandes cidades estão situadas entre o Estado e o indivíduo. Elas têm exatamente as dimensões certas, a densidade populacional e a mistura étnica para permitir que façam a mediação entre a comunidade e a sociedade. "Sociedade" significa relações burocráticas anônimas, e "comunidade" significa contato visual e cooperação. Os problemas enfrentados pelas cidades podem ser difíceis, mas podem ser enfrentados empiricamente. Os habitantes de uma cidade podem chegar a um acordo juntos. Essa é a esperança de Barber. Ele não está oferecendo um modelo de vida boa, mas perguntando: quem pode de fato ser capaz de fazer alguma coisa? E sugere a criação de um parlamento mundial formado por prefeitos, que teria o objetivo não de fazer cumprir as decisões, mas de trocar experiências. Isso deve ter prioridade sobre todas as outras questões.

PH: No seu trabalho, você sempre volta à questão da responsabilidade: a responsabilidade do indivíduo por seus semelhantes — seus "vizinhos", no sentido cristão — bem como a responsabilidade por aqueles que estão geograficamente distantes de nós, mas em cujas vidas temos uma influência imediata.

ZB: A tecnologia mudou radicalmente nossa capacidade de exercer influência, mas nossa maturidade moral ainda está no nível de Adão e Eva. E esse é o problema. Deveríamos estar cientes de que cabe assumir a responsabilidade por algo sem saber o que é. Não podemos calcular. Isso, aliás, é o desenvolvimento de uma ideia de Jean-Paul Sartre. Ele foi o primeiro a dizer que, em todos os momentos de nossas vidas, assumimos responsabilidade sem saber que estamos assumindo essa responsabilidade. Estamos condenados a ter uma consciência, que é uma das fontes de dor em nossas vidas.

PH: Num mundo globalizado, o escopo de nossa responsabilidade passa a ser tão amplo quanto o próprio mundo.

ZB: Já estamos presos em uma situação cosmopolítica. Estamos todos conectados uns aos outros e dependentes uns dos outros. A distância física não desempenha um papel tão importante como antes. O espaço passou a se parecer com o tempo. Quando você pensa sobre a distância de Londres a Addis Abeba, você não pensa em quilômetros, mas em horas. O voo dura sete horas e vinte minutos. Quando me ofereceram a cadeira de sociologia na Universidade de Canberra, na Austrália, perguntei a um de meus colegas de lá a que distância Canberra fica de Sydney. Sua resposta foi: dez dólares. Era o preço de uma passagem de avião na época. Fiquei pasmo. Ele estava pensando em termos completamente diferentes. Eu queria que ele me dissesse quantos quilômetros eram. Ele nem me disse quanto tempo levava. O tempo não era essencial, mas o dinheiro sim. Embora já estejamos numa situação cosmopolítica, ainda não começamos a desenvolver uma mentalidade cosmopolítica. Não pensamos em termos cosmopolíticos, mas traduzimos coisas em conceitos com os quais estamos familiarizados. Quantos dólares, quantas horas, isso leva?

PH: É muito fácil dizer que você é um cosmopolita, mas ser um verdadeiro cidadão do mundo é difícil, se não impossível. Qual seria a sensação de ser um cidadão da humanidade, o que, afinal, não é o mesmo que ser um cidadão de uma pólis, uma cidade-Estado no sentido dos antigos gregos?

ZB: Quando lhe pedem para definir a si mesmo, sua identidade, não acho que você dirá: "Eu sou um ser humano, um membro da humanidade". Ainda não começamos a compreender a lógica da situação em que nos encontramos. Mas não é a primeira vez na história da humanidade que um limiar desse tipo é atingido. Os caçadores e coletores de antigamente viviam em pequenas tribos. Para eles, o conceito de "ser humano" significaria um grupo de cerca de 150 pessoas.[7] O grupo não podia ser maior sem deixar de sobreviver. Sem carros ou bicicletas, ou até mesmo cavalos, a quantidade de comida que os membros de um grupo podem reunir para se manterem vivos até o dia seguinte é limitada. Há apenas uma certa quantidade de frutas, nozes e animais selvagens disponíveis.

Com a invenção da agricultura, os grupos cresceram e novas tribos se formaram. Esse foi um evento decisivo que ocorreu antes que o limiar para os tempos modernos fosse atingido. A partir de pequenas comunidades cujos membros se conheciam pessoalmente, desenvolveu-se o que o cientista político Benedict Anderson chamou de "comunidades imaginárias". Com esse avanço, cruzou-se um limiar importante, pois envolveu a transição de um senso de identidade pessoal baseado na experiência corporal cotidiana para um senso baseado em conceitos abstratos. As nações que se formaram ao longo dos séculos são essas "comunidades imaginárias". Pertencemos, portanto, a coisas que existem apenas em nossas mentes. Nunca encontramos diretamente a grande maioria das pessoas que também pertencem a essa comunidade. Elas são estranhas para nós, mas nos identificamos com seu destino, suas ideias e a forma como veem as coisas. Esse foi o passo decisivo adiante — a transição de *Gemeinschaft* [comunidade] para *Gesellschaft* [sociedade], nos termos de Ferdinand Tönnies.

PH: E você acha que hoje estamos passando por uma transição semelhante?

ZB: Temos uma transição não menos difícil pela frente: um limiar que devemos cruzar, como atravessamos todos os limiares do passado. Foram conquistas, essas passagens. Mas havia algo verdadeiro em todas essas transições que não é verdadeiro em relação à transição para uma mentalidade cosmopolítica. Cada uma delas criou novas comunidades de pertencimento por meio da oposição a outras comunidades. A Alemanha só se formou a partir de todos os principados porque havia os alemães e os franceses. "Eu sou alemão" significava, entre outras coisas, "não sou francês". Na Baviera, isso causou um problema, porque os bávaros não sabiam se eram alemães ou franceses. Mas na passagem à nossa frente, não há nenhum ponto de referência externo, nenhum oposto. A humanidade é a humanidade; não há ninguém além dela.

PH: É por isso que o ataque ao planeta Terra por uma espécie de extraterrestres agressivos é um tema tão popular na ficção científica: nada uniria mais a humanidade do que um inimigo comum.

ZB: Estamos numa situação nova porque não só a humanidade é maior do que a comunidade imaginada da nação, como também é uma comunidade inclusiva. Um Estado-nação, por maior que seja, tem suas fronteiras. A humanidade não tem fronteiras. Todos que são membros da espécie *Homo sapiens* podem reivindicar seus direitos como membros dessa comunidade. Isso cria grandes dificuldades. Não acredito que a humanidade se unirá num futuro próximo. As tendências apontam na direção oposta. As pessoas temem os efeitos danosos da globalização, e com razão, porque esses efeitos estão fora de seu controle. Assim, elas se retiram instintivamente, erguem a ponte levadiça. Por mais alto que seja o preço, por mais que sofra, por mais que seja humilhado, pelo menos você, ao contrário dos outros, faz parte da comunidade imaginária desse Estado-nação. Hannah Arendt perguntou o que a Revolução Francesa, a Declaração dos Direitos do Homem e do Cidadão, realmente significava. Ela ressalta que a declaração não abordou os direitos de todo ser humano, mas os direitos de todo cidadão francês. Os apátridas não têm direitos civis. Ao contrário de você e eu, eles podem ser mantidos em campos. Temos esses direitos porque somos cidadãos de nações que os garantem a todos os seus cidadãos.

PH: E queremos defender esses privilégios.

ZB: Esse é o problema. Não posso dizer como isso vai funcionar. Estou apenas tentando pensar na complexidade da tarefa que temos pela frente. Sim, de um lado, a humanidade deu grandes passos à frente várias vezes em sua história. Mas, por outro lado, chegamos ao fim do caminho. O que nos é pedido é completamente novo: dizer "eu sou um cidadão do mundo", ao mesmo tempo que resisto à ideia de que meus concidadãos me parecem estranhos. Não posso mais escolhê-los. Todos têm o direito de ser membros dessa comunidade abrangente de todos os seres humanos. Isso nunca aconteceu antes.

PH: Estamos todos no mesmo barco — ou melhor, deveríamos dizer, "nave espacial". A nave espacial Terra, sozinha no universo.

ZB: Nós entendemos isso em teoria, mas estamos muito longe de nos comportarmos assim — de agirmos como se estivéssemos realmente sentados lado a lado numa nave espacial.

PH: A tarefa do intelectual é insistir na necessidade de caminhar nessa direção. Os filósofos franceses, os intelectuais do Iluminismo, foram outrora as vozes dominantes na Europa, como você explica em *Legisladores e intérpretes*, de 1987.[8] Mas hoje — já mencionamos isso — quase não há políticos, empresários ou outros agentes do poder dando ouvidos aos intelectuais.

ZB: Esse é um problema extremamente importante. Quando, dentro de pouco tempo, eu morrer, pois sou muito velho, morrerei insatisfeito e infeliz, porque me debati com uma pergunta tentando encontrar uma resposta convincente e não consegui. Sei que não vou encontrar a resposta agora — não tenho mais tempo. É uma pergunta simples: como se faz o mundo novo? Essa pergunta vem do Novo Testamento, do livro do Apocalipse, em que Jesus diz: "Eis que faço novas todas as coisas".[9] Estudei tudo o que foi escrito sobre esse tema, sobre a questão de como alguém transforma palavras em ações. Todos os filósofos falam sobre isso, mas não encontrei uma única resposta que me satisfaça. Ao longo da minha vida, essa questão se tornou cada vez mais importante para mim. Acho que agora é mais urgente que nunca. Hoje, no final da minha vida, essa é a minha maior preocupação.

PH: O que você vê como tarefa da sociologia hoje?

ZB: Nessas condições, a sociologia adquire uma nova esfera pública de enorme importância, que é a comunidade de indivíduos — indivíduos que se encontram confrontados com mundos muito obscuros, nebulosos, extraterritoriais. Tento explicar o mecanismo por trás disso para entender o que está acontecendo. Essa é a precondição para um indivíduo tentar assumir o controle de sua vida. Não estou dizendo que você terá sucesso nisso: eu não dou conselhos. Mas é preciso ao menos se tornar mais informado, saber o que acontece por trás dos fenômenos. Sociologia, para mim, significa tornar o familiar estranho e o estranho familiar. Essa é a tarefa da sociologia. Não acho que a sociologia esteja em crise. Acho que os sociólogos são necessários mais do que nunca — uma nova geração de sociólogos para a geração atual.

PH: O conceito de "geração", articulado pelo filósofo espanhol José Ortega y Gasset, tem apenas um século. O que ele significa hoje?

ZB: Seu surgimento remonta à experiência devastadora da Primeira Guerra Mundial, que separou as gerações umas das outras. A ruptura da identidade europeia causada por essa guerra tornou o conceito de "geração" uma das ferramentas mais importantes para investigar as divisões sociais e políticas. "Geração" é uma categoria científica objetiva que se baseia nas diferenças entre as experiências de vida subjetivas. Hoje, por vários motivos, as experiências que definem uma geração não desempenham um papel — ou desempenham só um papel secundário — na geração que vem depois dela.

PH: Os antigos gregos já não reclamavam da "juventude de hoje"? Sócrates disse que eles têm "maus modos" e "desrespeitam os mais velhos", e que "adoram tagarelice em vez de exercícios".[10] Talvez gerações diferentes se assemelhem mais do que pensamos.

ZB: Os primeiros vestígios de conflito geracional podem ser encontrados na Antiguidade, mas ele só irrompe de fato na modernidade. Isso ocorre porque a modernidade traz consigo a crença de que o mundo pode ser mudado, e mudado por meio da intervenção humana, e porque o mundo começa a ser transformado num ritmo tal que uma única vida é longa o suficiente para alguém ser capaz de dizer "As coisas costumavam ser diferentes"; e, além disso, porque há uma distinção entre "é" e "deveria", e entre os "bons velhos tempos" e um "futuro melhor".

PH: O que isso significa para a comunidade?

ZB: A ideia de comunidade foi substituída pela ideia de rede. É difícil entrar numa comunidade. Nem todos podem se tornar suíços. Isso envolve procedimentos longos e demorados. Sair de uma comunidade também é difícil. Se deseja romper os laços humanos, você precisa ter uma engenhosidade considerável. Deve inventar razões; precisa negociar. E mesmo que você seja bem-sucedido, nunca saberá se há inconvenientes e, se houver, quando eles poderão se fazer sentir. No caso das redes sociais, no Facebook, isso é diferente. É fácil entrar e participar, e igualmente fácil sair. "Rede" é uma forma moderna de descrever uma totalidade que difere de uma comunidade do passado, na qual uma pessoa nascia, tinha um lugar e era condenada a permanecer ali pelo resto de sua vida. Numa rede, ocorre o oposto. Se eu não gostar, posso remodelar. Se não gosto de alguém, posso ignorá--lo, não respondendo ou bloqueando suas mensagens. A única pessoa que vai notar é ela, pois a rede não controla como eu me comporto. A rede pode nem se dar conta da minha presença. A comunidade podia olhá-lo com desconfiança, observar todos os seus delitos, e tinha à disposição uma longa lista de meios para penalizar e punir comportamentos desviantes, mas uma rede carece dessas opções. Ela é tão maleável quanto massa de modelar.

PH: Como isso influencia comunidades "reais", como associações ou grupos de interesse?

ZB: Elas estão sendo remodeladas por esses desdobramentos, assim como os relacionamentos estão sendo remodelados pelo namoro on-line. Hoje, dificilmente qualquer comunidade exige o ser humano em sua totalidade; cada ser humano tem várias afiliações. Desse modo, também não é mais considerado uma traição à comunidade alguém servir sua lealdade à la carte, por assim dizer. Hoje, as comunidades integradoras se encontram quase que exclusivamente entre as que estão na base da escada sociocultural. Lá, os laços humanos ainda são uma coisa para toda a vida, como costumavam ser em tempos anteriores.

·7·

Religião e fundamentalismo

O fim do mundo: Por que é importante
acreditar em um Deus (inexistente)

PETER HAFFNER: Em seu livro *Vigilância líquida*, você diz que nossa
era se define pelo medo.[1] Ao procurar nos proteger contra ele, a
sociedade produz mais medo. Os medos de épocas anteriores não
eram ainda piores — o temor de Deus, do Diabo, do inferno, dos
fantasmas, da natureza?

ZYGMUNT BAUMAN: Não acredito que os medos das pessoas
sejam maiores hoje do que eram antes. Contudo, são diferentes:
mais arbitrários, difusos, nebulosos. Você trabalha para uma
empresa há trinta anos. Você é muito estimado. De repente, surge uma corporação, engole sua empresa e começa a liquidação de
seus ativos. Você é demitido. Se tem cinquenta anos, suas chances
de encontrar um novo emprego são mínimas. Muitas pessoas
vivem hoje com medo desse tipo de coisa. Ele surge do nada, e é
impossível tomar precauções contra isso.

PH: E no passado, era diferente?

ZB: Tinha-se medo de coisas concretas. As colheitas estavam fra-
cassando. Você olhava para o céu: choveria ou continuaria seco,
deixando tudo murchar e apodrecer? As crianças iam a pé para

a escola, mas ao longo do caminho havia uma pequena floresta habitada por um lobo, então elas precisavam ser acompanhadas. Mesmo quando temíamos uma guerra nuclear, as pessoas acreditavam que poderiam se proteger construindo um bunker. Claro, isso era tolice, mas a ideia era de que você ainda era capaz de fazer alguma coisa. Você não se desesperava; dizia para si mesmo: "Eu sou uma boa pessoa. Vou construir um abrigo antiaéreo para minha família".

PH: Mas nós, nos países ricos do mundo, temos vidas mais longas e seguras hoje do que qualquer pessoa desfrutou antes. Afinal, os riscos que enfrentamos diminuíram significativamente.

ZB: Precisamos distinguir o conceito de risco do conceito de perigo para ilustrar a diferença que tenho em mente. Um perigo é algo específico: você sabe do que tem medo e pode tomar precauções. Não é o caso do risco. Muitos pensadores notaram o paradoxo de que hoje estamos muito mais seguros que nunca, mas ao mesmo tempo assombrados por sentimentos de insegurança.

PH: Sentimentos que impulsionam toda uma indústria.

ZB: A indústria da segurança é a que está em crescimento por excelência, o único setor completamente imune aos efeitos da crise econômica. Esse sucesso não tem nada a ver com estatísticas ou ameaças reais. O terrorismo internacional é um excelente pretexto para implantar medidas de segurança, desenvolver tecnologias de segurança e fortalecer os aparatos de segurança. O número de vítimas do terrorismo internacional é ridiculamente pequeno em comparação com o número de mortes nas estradas. Muitas pessoas morrem nas estradas, e a mídia nem fala sobre isso.

PH: Todo carro deveria ter um adesivo como as advertências nos maços de cigarros: "Dirigir faz mal à sua saúde e às pessoas ao seu redor".

ZB: Sim, exatamente! Por outro lado, o padrão de vida aumentou. Em nossa parte do mundo, não precisamos mais nos preocupar com o pão de cada dia. Ainda assim, desde a crise financeira, as pessoas estão cada vez mais temerosas de cair na pobreza. Toda a classe média está agora sujeita às vicissitudes do mercado e teme que seu padrão de vida caia para sempre. E isso sem falar dos trabalhadores que perderam seus empregos. Com certeza, o padrão de vida é muito mais alto do que era no século XIX, mas de algum modo isso não nos deixa mais felizes. Mesmo depois de dias gratificantes e prazerosos, muita gente vai para a cama e tem pesadelos. Os demônios reprimidos durante o dia agitado de trabalho surgem na quietude da noite, quando todos os seus medos vêm à tona.

PH: Você disse que a depressão é a aflição psicológica característica da sociedade de consumo.

ZB: No passado, fomos oprimidos por uma superabundância de proibições. Nossas neuroses eram causadas pelo terror da culpa, pelo medo de ser acusado de infringir as regras. Hoje, sofremos de um excesso de possibilidades. Temos medo de ser inadequados. Esse é o medo que está por trás da depressão.

PH: E mesmo quando não leva à depressão, leva à obsessão pela segurança.

ZB: O medo é o mais insidioso de todos os demônios de nossa sociedade aberta. Podemos ser mimados. Pode parecer que estamos bem. Mas nos sentimos ameaçados, inseguros, ansiosos, propensos ao pânico. É por isso que somos obcecados por segurança muito mais que a maioria das sociedades anteriores. A incerteza, tanto em relação ao presente quanto ao futuro, dá origem a temores que simplesmente nos oprimem. Você escreve que precisamos de bodes expiatórios para dar forma a esses medos, ou algo nesse sentido. Os medos de hoje diferem dos de épocas anteriores porque agora não há mais qualquer conexão entre as causas dos medos e as medidas que são tomadas para nos proteger deles. Encontramos objetos substitutos para descarregar nosso medo existencial excessivo e incontrolável. Fugimos do fumo passivo, dos alimentos gordurosos, da exposição excessiva ao sol, do sexo desprotegido. [*Bauman pega seu cachimbo.*] Você se importa que eu fume?

PH: Não, de forma alguma.

ZB: Você não tem medo do fumo passivo?

PH: Não.

ZB: Isso incomoda minha esposa Aleksandra. Janina fumou a vida toda — não havia problema nisso. Mas Aleksandra se importa porque nunca foi fumante.

PH: Você também fuma cigarros?

ZB: Eu preciso, porque fumar cachimbo é um trabalho de tempo integral. Fumar cigarros é muito mais fácil. Sento diante do computador, escrevo alguma coisa e — você provavelmente conhece essa sensação — de repente, no meio de uma frase, não sei mais como prosseguir, como concluir a frase.

PH: Então pega um cigarro.

ZB: Os cigarros não são bons porque acabam depois de algumas tragadas. Fumar cachimbo é um negócio sério: você precisa limpar o cachimbo, enchê-lo com tabaco, acendê-lo e reacendê-lo sempre que apagar. E enquanto eu faço tudo isso, o fim da frase vem — de repente.

PH: Qual foi o ponto de inflexão? Quando os medos antigos deram lugar aos novos medos, como o medo do fumo passivo?

ZB: Esses medos especificamente modernos surgiram quando a desregulamentação e a individualização desfizeram — ou pelo menos enfraqueceram bastante — os laços tradicionais da comunidade, aqueles laços entre parentes e vizinhos que existiam desde tempos imemoriais e que todos achavam que durariam para sempre. Com a desintegração das comunidades, os medos também se individualizaram. A atual sensação generalizada de insegurança deixa todos sozinhos com seus medos.

PH: Ao debater questões éticas, você se refere com frequência à religião. Você toca em temas que outros costumam deixar para os teólogos: o mal, a responsabilidade moral, o valor das relações de longo prazo, a abnegação, o amor fraternal, a morte. Às vezes, quase parece que você é um teólogo secreto.

ZB: Devo confessar que não sou um homem religioso. Mas, ao longo da vida, comecei a ver a importância da religião, o significado da fé e da transcendência. Sem religião, penso eu, a compaixão é inconcebível. Não podemos ser todos santos, mas se não houvesse indivíduos santos entre nós, nem mesmo seríamos humanos. Eles nos mostram o caminho. Eles nos demonstram que o caminho é uma possibilidade para nós. E eles atormentam nossa consciência quando nos recusamos a reconhecer isso e nos recusamos a seguir esse caminho. Nós também olhamos para algo maior do que nós. Se não é Deus, é outra coisa — a busca do lucro, o culto ao dinheiro ou a tecnologia que tanto fetichizamos hoje.

PH: Além dos movimentos fundamentalistas do islamismo e do cristianismo, houve um renascimento religioso mais amplo?

ZB: No mundo ocidental, o que estamos vendo é um renascimento não da religião, mas da espiritualidade. As pessoas não estão voltando para as igrejas, mas estão se voltando para dentro, para algo além da vida comum e das preocupações cotidianas. Você leu meus dois livrinhos que foram publicados recentemente, as conversas com Stanisław Obirek?

PH: Tenho *On the World and Ourselves* [Sobre o mundo e nós mesmos] na minha mesa de cabeceira.[2]

ZB: O outro se chama *Of God and Man* [Sobre Deus e o homem].[3] Stanisław Obirek é um homem brilhante, muito erudito. Ele era jesuíta e padre praticante. Não é mais as duas coisas, mas ainda é um católico sincero. Ele saiu da instituição, mas não da ideia. Isso é algo que compartilhamos. Nunca fui jesuíta, mas fui comunista. Saí do partido assim como ele saiu da Igreja. Permaneci fiel aos meus princípios morais e ao ideal socialista.

PH: Em *On the World and Ourselves*, você fala sobre essas transições, esses ritos de passagem. Stanisław Obirek criticou a Igreja Católica Romana na Polônia e foi forçado pelo superior provincial a ficar em silêncio por um ano como punição. Ele então deixou a ordem. Ao contrário dele, você não é religioso, mas considera a religião indispensável. Como isso se encaixa?

ZB: Todos os meus pensamentos sobre religião repousam na convicção de que Deus perecerá junto com a humanidade. Em outras palavras, acredito que a humanidade é inconcebível sem a ideia de Deus. Com essa afirmação, pego uma ideia de meu falecido amigo Leszek Kołakowski, que disse que Deus representa a inadequação dos seres humanos. Nossas capacidades não são adequadas aos desafios que enfrentamos, e, inevitavelmente, reconhecemos isso. É óbvio. Mas a modernidade questiona essa inadequação humana. Ela declara que a ciência e a tecnologia nos permitirão superar nossas fraquezas. Alega-se que elas são apenas temporárias, e não uma característica fundamental da natureza humana: ainda não chegamos à "Casa de Salomão". Se nos esforçarmos o suficiente, gastarmos o suficiente em pesquisas, chegaremos lá e, assim, teremos transcendido o sentimento humilhante de que a espécie humana é inadequada.

PH: Kołakowski escreveu que a "autodeificação da humanidade, à qual o marxismo deu expressão filosófica [...], revelou-se como o aspecto farsesco da escravidão humana".[4] Hoje, provavelmente apenas entre os visionários do Vale do Silício e outros que pensam que a "fé na ciência" é uma coisa boa se encontre a crença de que a humanidade pode se superar e criar um paraíso na terra.

ZB: Não acreditamos mais que as coisas irão para o lado do bem. Fizemos a transição para um novo tipo de inadequação: a inadequação do indivíduo, de quem se espera que resolva os problemas que até então eram assuntos do governo, do Estado e da comunidade — em outras palavras, de quem se espera que encontre um lugar suportável num mundo que não pode ser melhorado. O mundo está condenado, mas cada indivíduo deve encontrar suas próprias soluções em meio a esse declínio social.

PH: Você mencionou a "Casa de Salomão", o nome que Francis Bacon deu ao instituto de pesquisa em Nova Atlântida, de 1627, que resume sua visão de futuras descobertas e conhecimentos. O que acabou com a crença na possibilidade de criar uma sociedade ideal e controlar a natureza?

ZB: Acho que começou em 1755, com a catástrofe de Lisboa: um terremoto, um grande incêndio, um tsunami — três catástrofes em uma. Foi uma das catástrofes naturais mais devastadoras da história europeia. Causou uma enorme impressão na intelectualidade da Europa, porque Lisboa era um dos centros da civilização e do Iluminismo. O que ficou claro foi que a natureza não obedecia aos nossos princípios morais. O infortúnio se abateu tanto sobre os virtuosos quanto sobre os viciosos. Não podia ser uma resposta divina ao pecado, pois tanto pecadores quanto inocentes foram mortos, acidentalmente e ao acaso. Mesmo assim, afirma-mos nossa decisão de colocar o mundo sob gestão humana. Não podemos esperar que Deus administre isso, porque sua criação, a natureza, é cega. Não podemos confiar nela. Devemos tomar as coisas em nossas próprias mãos e, com a ajuda da ciência e da tecnologia, colocaremos tudo sob controle. A humanidade ainda é inadequada, mas é apenas uma questão de tempo até que isso mude. Essa era a ideia.

PH: O poder destrutivo e o potencial abundante da natureza levaram as chamadas culturas primitivas a pedir proteção e ajuda aos deuses. As danças da chuva, por exemplo — cerimônias destinadas a provocar chuva e, assim, proteger a colheita — eram comuns no antigo Egito, entre os nativos americanos e nos Bálcãs ainda no século XX.

ZB: As pessoas estavam cientes de que não tinham controle sobre a natureza. Elas acreditavam em um poder superior, oravam e ofereciam sacrifícios na esperança de que esse poder superior as perdoasse e protegesse. Sentiam sua inadequação e sabiam que, como seres humanos, não estava em seu poder prevenir uma catástrofe e garantir uma vida próspera apenas com seus pró-prios esforços. Mas nosso senso de inadequação individual hoje, no século XXI, é de um tipo diferente. Não necessariamente dá origem à religião.

PH: Mas muitas pessoas, sobretudo nas sociedades modernas, acre-ditam no sobrenatural. As pessoas acreditam em todos os tipos de magia.

ZB: Stanisław Obirek escreveu um livro maravilhoso chamado *God of My Own* [Um Deus próprio], no qual discute esse renas-cimento da religião não institucionalizada. Não é uma religião baseada numa Igreja com um único Deus, no qual todos os mem-bros da congregação acreditam. As pessoas estão procurando um Deus individual — ou seja, um Deus próprio. Elas constroem esse Deus a partir de vários elementos: isso aqui da cabala judaica, aquilo ali do budismo, outra coisa do cristianismo — onde quer que possam encontrar uma sensação reconfortante, mesmo que ilusória, de um refúgio da tempestade. Tanto as religiões tradicionais baseadas em Igrejas quanto esse "Deus próprio" envolvem um Deus. Esse é o denominador comum. Mas, em termos de prática social, são fenômenos muito diferentes.

PH: A religião tradicional envolve comunidade; a moderna é egocêntrica.

ZB: Cada vez mais pessoas estão tentando desesperadamente encontrar algo que seja maior do que elas mesmas, mas que também seja fácil de usar. Por serem responsáveis por encontrar soluções individuais para os problemas sociais, também se sentem responsáveis por criar seu próprio Deus. Elas não esperam que Deus lhes seja oferecido numa bandeja de prata. Não é mais uma questão de ir à igreja uma vez por semana. É um jogo diferente, como diriam os americanos: uma questão totalmente diferente. Não precisa necessariamente ser religião, mas se deve haver uma religião, então deve ser uma religião com um Deus individual.

PH: Qual é o significado da ascensão do fundamentalismo? Qual a conexão entre uma forma de fundamentalismo e a religião específica que ele afirma representar em sua forma pura?

ZB: O fundamentalismo pode ser expresso em termos religiosos não apenas no caso de conflitos entre diferentes religiões, como o islamismo e o cristianismo, mas também no caso de conflitos dentro de uma mesma religião, como no caso dos xiitas e sunitas no islamismo. O aparente renascimento da religião não é um renascimento das religiões principais em si, mas do sectarismo. O que está acontecendo no Oriente Médio é uma batalha dentro do islã. Mas eu não responsabilizaria a religião pelos níveis crescentes de agressão, falhas de comunicação, desesperança, divisão, construção de fronteiras e violência que estamos vendo. A religião, que se baseia na inadequação da humanidade como tal, é usada como argumento por indivíduos e redes que desejam superar suas próprias inadequações concretas. Esse é o cerne do fundamentalismo.

PH: Seu envolvimento com questões religiosas me sugere que você não é ateu, mas também não parece ser alguém com uma crença. Você é agnóstico?

ZB: Acho que sou ateu: não acredito que exista um Deus pessoal. Mas acredito que Deus é indispensável à nossa sobrevivência. Não consigo imaginar a humanidade vivendo sem Deus. O ser humano é um animal inteligente. Ao contrário dos outros animais, os homens percebem que são inadequados — que lhes falta algo. Por mais ousados que sejamos, também encontramos limites e questionamos o que está por trás deles.

PH: Mas essa experiência não leva necessariamente à fé. No seu caso, pelo menos, claramente não.

ZB: Há duas ideias que são objetivamente impossíveis de apreender: o infinito e o nada. Você não pode imaginar o nada, porque se você imaginar o nada estará presente no ato de imaginar. É impossível imaginar o nada sem se incluir nele, então não é o nada. Imaginá-lo está além das nossas faculdades conceituais. O mesmo vale para o infinito. Todas as nossas experiências estão limitadas pelo tempo. O infinito não é apenas algo que dura um tempo extraordinariamente longo; é algo sem começo e sem fim. A ideia do big bang, o início do infinito, leva à questão do que existia antes. Os maiores cosmólogos podem contar todos os detalhes do que aconteceu exatamente nos primeiros segundos após o big bang...

PH: ... Steven Weinberg, ganhador do Nobel, escreveu um belo livro sobre isso, *Os três primeiros minutos do Universo*...[5]

ZB: ... mas quando você pergunta o que aconteceu antes, eles ficam em silêncio. É raro alguém descobrir Deus por causa desse problema, porque as questões sobre o infinito e o nada são, em princípio, questões filosóficas. Posso entender muito bem um filósofo passando noites sem dormir pensando nelas, mas não acredito que qualquer outro indivíduo que não seja filósofo perderá o sono por causa delas. Quero com isso dizer que há boas razões para esse sentimento de que há uma força, um ser superior, um Deus. Há limites para o nosso entendimento. Esses limites podem ser traçados de maneiras diferentes para pessoas diferentes, mas estão sempre lá. Para reiterar: Deus morrerá, mas a humanidade morrerá junto com Ele.

PH: O que você diz é paradoxal: você é ateu, mas também está convencido de que a humanidade morrerá junto com Deus.

ZB: Não acho que seja um paradoxo. Faz parte do ser humano. Temos todos os tipos de características importantes, entre elas o fato de que nosso pensar e agir nos forçam inevitavelmente a enfrentar nossas inadequações, o que, por sua vez, nos leva a crer que deve haver algo mais, algo acima de nós, uma força que mantém tudo unido. Sou um ser humano e, por ser um ser humano, minha faculdade de compreensão é limitada. A limitação indica a existência de algo além dessa limitação. Portanto, a demanda por religião é produzida o tempo todo, por todos nós. Não precisamos de padres para fazer isso por nós. É espontâneo. Não vejo isso como um paradoxo.

PH: Como você pode considerar a fé essencial e não ser alguém que crê?

ZB: Deixe-me ilustrar isso com uma comparação. No início da nossa conversa, eu disse que na história da minha vida não sou um ornitólogo, sou um pássaro. Mas na história da minha vida de cientista, de sociólogo, é o contrário: aqui não sou um pássaro, sou um ornitólogo. Ornitólogos estudam pássaros, mas nunca ouvi falar de um pássaro que se tornou ornitólogo. Eu estudo religião, tento entender por que, em toda a história da humanidade, ela nunca desapareceu. Mesmo entre as primeiras tribos primitivas, alguma forma de religião estava presente, e antropólogos que viajaram o mundo todo não encontraram um único grupo humano sem uma ideia acerca do sobrenatural. A crença está sempre lá, em todos os períodos, mesmo que de formas diferentes e mesmo que não seja cultivada por um indivíduo em particular.

PH: Que a humanidade seguirá o caminho dos dinossauros é uma perspectiva distópica. Para a maioria das pessoas, a ideia não está associada a Deus, mas à preocupação de que iremos destruir o planeta.

ZB: Os astrônomos ainda nos dão 5 bilhões de anos. Então o Sol explodirá, se transformará numa gigante vermelha e finalmente se transformará numa anã branca. Mas o fim do mundo tal como o conhecemos pode vir muito antes. As notícias sobre as consequências do aquecimento global estão se tornando cada vez mais terríveis. Li em algum lugar que um aumento de 0,5% nas temperaturas globais seria o suficiente para nos deixar sem alimento. O sociólogo e psicólogo social alemão Harald Welzer tem um livro interessante chamado *Guerras climáticas*.[6] Ele prevê que no século XXI, nosso século, as pessoas não morrerão em consequência de conflitos ideológicos, mas da escassez de alimentos e das más condições de vida. De repente, as áreas mais densamente povoadas da Terra se tornarão os lugares onde as pessoas terão menos condições de se alimentar. Em grande parte do mundo, diz Welzer, as mudanças climáticas levarão ao colapso da ordem social e política e à "guerra sem fim".

· 8 ·

Utopia e história

Viagem no tempo: Onde está "o além" hoje?

PETER HAFFNER: Hoje existem inúmeras distopias, mas poucas utopias. Enquanto as primeiras pintam quadros do inferno, as segundas buscam o paraíso na terra. A maioria dos planos utópicos permaneceu como palavras no papel, mas o comunismo, no qual você mesmo acreditava, influenciou o mundo de um modo incomparável. Os conceitos alternativos e utópicos de sociedade estão obsoletos?

ZYGMUNT BAUMAN: Uma das primeiras publicações da parte britânica da minha vida acadêmica tinha por título *Socialism: The Active Utopia* [Socialismo: A utopia ativa],[1] que apontava para sua mensagem principal: a grande conquista histórica da ideia socialista foi sua atuação como utopia, desnudando os males sociais endêmicos do statu quo e incitando ações corretivas. Sem a presença dessa utopia, esses males cresceriam e proliferariam de maneira incontrolável, e os padrões morais da sociedade, junto com a qualidade de vida, estariam fadados a se tornar a primeira e, talvez, mais lastimável vítima colateral desse crescimento. (Inadvertidamente, essa velha crença acabaria confirmada pela história das sociedades ocidentais após a queda do Muro de Berlim.) O que decorria dessa mensagem era outra crença: a de que declarar qualquer tipo de statu quo como a "ideia socialista alcançada" só podia ser uma sentença de morte para aquele que era seu principal e fundamental papel a ser desempenhado na história. No longo prazo, essa declaração teria inevitavelmente despojado a utopia socialista desse papel. A mesma coisa se aplica ao pensamento atual sobre a democracia, porque a democracia também é uma utopia, uma situação ideal que ainda não foi estabelecida.

PH: Após a virada política histórica de 1989, o colapso do império soviético, falou-se com frequência do "fim das ideologias". Se deixarmos de lado o neoliberalismo e o neoconservadorismo, em certo sentido isso está correto: as ideologias da reforma social também se tornaram obsoletas.

ZB: É verdade, mas o fim da ideologia está ainda mais distante que nunca. A modernidade se baseava na convicção de que tudo podia ser aperfeiçoado pelo exercício das capacidades humanas. Mas a máxima da política de hoje é: não há alternativa. É o que os poderes superiores dizem ao povo: qualquer reflexão racional sobre a ordem social é uma perda de tempo. De acordo com a nova ideologia da privatização, esse tipo de reflexão em nada contribui para a boa vida. Trabalhe mais e ganhe mais dinheiro, mas não pense na sociedade nem faça nada pela comunidade — é o que se diz às pessoas. Margaret Thatcher, a Dama de Ferro, declarou que não existe sociedade, apenas homens, mulheres e famílias, individualmente.

PH: Para as gerações mais novas, a ideia de que não existe alternativa parece natural.

ZB: Muita gente perdeu a capacidade de pensar sobre a boa sociedade. Preferem pensar em como encontrar um nicho confortável — para eles, suas famílias, seus parentes — neste mundo desordenado, imprevisível e desconfortável. Isso não é surpresa: vivemos num mundo multicultural e multicêntrico, um mundo de incertezas. O planejamento de longo prazo não serve para nada porque tudo está mudando com muita rapidez. Não temos estrela-guia. A ideia da boa sociedade não figura mais no debate público. Na melhor das hipóteses, temos a ideia de uma sociedade um pouco melhor que a atual. Os políticos que se apresentam como "líderes fortes", como Donald Trump, Viktor Orbán ou Marine Le Pen, não oferecem às pessoas uma sociedade alternativa. Eles alegam ser a alternativa personificada.

PH: Você descreve o desenvolvimento histórico do pensamento utópico usando as metáforas do guarda-caça, do jardineiro e do caçador. A atitude pré-moderna em relação ao mundo era a de um guarda-caça, enquanto a atitude moderna era a de um jardineiro. Agora, na era pós-moderna, a atitude do caçador passou a dominar. Como esse tipo de pensamento utópico difere das atitudes modernas anteriores?

ZB: Não se trata mais de conservação e manutenção. Não é mais uma questão de criar belos jardins, como costumava ser. Hoje, a única preocupação das pessoas é encher sua própria sacola, sem se preocupar com o estoque restante de caça. Os historiadores das sociedades chamam essa transformação de "individualização", enquanto os políticos a promovem como "desregulamentação". Ao contrário das utopias anteriores, a utopia do caçador não confere à vida nenhum significado, real ou espúrio. Serve apenas para banir as questões sobre o sentido da vida da mente das pessoas.

PH: Quais são os fundamentos dessa utopia? Afinal, ela deveria nos dar esperança.

ZB: Estamos lidando com duas utopias mutuamente complementares: a do maravilhoso poder de cura do livre mercado e a da capacidade infinita do conserto tecnológico. Ambas são anárquicas. Elas imaginam um mundo com direitos, mas também sem deveres e, acima de tudo, sem governantes. Elas militam contra qualquer plano, contra o adiamento da gratificação, contra os sacrifícios em nome de benefícios futuros. A espontaneidade do mundo evocada por elas transforma em absurdo todas as preocupações com o futuro — exceto a preocupação em estar livre de todas as preocupações com o futuro e, portanto, poder agir sem precisar se preocupar com nada.

PH: Mesmo que não tenhamos mais ideias positivas sobre como pode ser o futuro, não podemos pelo menos aprender com a história? Como disse Cícero, a história é a "professora da vida".

ZB: A ideia de que *Historia magistra vitae est* — "a história é a professora da vida" — foi vítima de nossa crescente melancolia a respeito do futuro em geral e do progresso em particular. A maioria das pessoas tem suas esperanças frustradas. O ritmo da mudança se acelerou, e mesmo pessoas que são muito mais jovens do que eu já experimentaram toda uma variedade de promessas não cumpridas, planos abandonados e esperanças desfeitas. Quando eu era jovem, uma criança, um adolescente, as pessoas acreditavam que o futuro seria de melhoria contínua. Cada ano seria melhor que o anterior e aprenderíamos com a história a não repetir os erros do passado. Desenvolveríamos tecnologias melhores, maneiras e meios melhores de fazer a coisa certa. Acreditávamos que o futuro era um caminho que conduzia para cima, não para baixo.

PH: Na mitologia grega e romana antigas, era exatamente o contrário: a história começava com a idade de ouro e descia ladeira abaixo a partir daí — para as idades de prata e bronze, e assim por diante, até o desastre do presente, a idade do ferro, que era um estado de declínio e decadência.

ZB: Com o início da modernidade, as pessoas começaram a acreditar que as coisas iriam melhorar e se transformar numa nova idade de ouro. Elas sonhavam com uma sociedade perfeita. Leon Battista Alberti, o *uomo universale* do Renascimento, disse que uma sociedade perfeita seria uma situação em que qualquer mudança posterior só poderia ser uma deterioração. Pensava-se que, tendo aprendido muito com nossos erros, tendo nos tornado tão sábios e desenvolvido uma tecnologia tão boa, acabaríamos por criar esse estado ideal. Perfeição significa impossibilidade de outras melhorias, o fim da história. A crença era de que, com a criação dessa sociedade perfeita, as pessoas seriam enfim capazes de relaxar e colher os frutos dos esforços das gerações anteriores. Ninguém em sã consciência espera isso hoje. Mas talvez devêssemos nos preocupar menos com nossos erros do passado e mais com velhas ideias que foram ignoradas, descartadas ou simplesmente esquecidas no passado. É possível que essas ideias contenham a semente de algo melhor que o que temos hoje.

PH: Chegamos pelo menos a uma compreensão da nossa situação atual?

ZB: Não acredito que alguém tenha uma teoria consistente do que está acontecendo agora. Estamos tateando no escuro. Meu novo livro também não é uma descrição precisa do presente; não é uma tentativa de captar tendências atuais ou sugerir o que pode estar por vir. Como já mencionei, seu título é *Retrotopia* — uma palavra-valise que une o termo "retrô" com "utopia". As utopias sempre se situaram no futuro, mas o futuro não é mais atraente. É cheio de riscos, perigos e desafios. É imprevisível e incontrolável, uma era de incertezas. Não sabemos em que direção as coisas irão, por isso não sabemos quais medidas preventivas devem ser tomadas ou o que devemos fazer no momento presente. Perdemos a confiança na ideia de progresso; não é mais um pensamento encorajador, mas causador de ansiedade. Isso me deixa ansioso também. Não serei capaz de acompanhar as mudanças. Posso muito bem me tornar dispensável, minha profissão, redundante. Muitos negócios e profissões já foram automatizados. Hoje, as fábricas de automóveis quase não têm trabalhadores. Você já ouviu a piada sobre a fábrica do futuro?

PH: Não.

ZB: Na fábrica do futuro, restarão apenas dois seres vivos: um homem e um cachorro. O trabalho do homem será alimentar o cachorro, e o trabalho do cachorro será garantir que o homem não toque em nada. A piada capta um sentimento geral. Os empregos estão desaparecendo o tempo todo, substituídos não por competidores humanos, mas por computadores e robôs. Há também sinais preocupantes de que o trabalho intelectual se tornará automatizado.

PH: Você disse que as utopias se localizam no futuro. A que, então, se refere o "retrô" no título do seu livro?

ZB: Hoje, muitas pessoas pensam que o paraíso da estabilidade e segurança está no passado. Esse é o lar pelo qual anseiam. Agora escrevem-se utopias do passado. Mas não há consciência pública do fato de que a linha divisória entre passado e futuro foi apagada. Não há praticamente diferença, nenhuma diferença existencial ou ontológica, entre futuro e passado. Quando eu era jovem, há muito tempo, todos diziam que o futuro era o reino do desconhecido e da liberdade, e o passado era o reino da estabilidade e da falta de liberdade.

PH: Embora saibamos muito sobre o que aconteceu no passado, sempre resta espaço para especulação. Tal como as ideias do futuro, as do passado também são, mais ou menos, ficções.

ZB: No romance *1984*, George Orwell previu que esse fato poderia ser usado politicamente.[2] No Estado totalitário que ele descreve, o "Ministério da Verdade" controla o passado para controlar os pensamentos de seus súditos. Hoje, isso é chamado de "política da história" ou "política da memória", um fenômeno que se disseminou em muitos países europeus. Suspeito que o que está por trás dessa tendência entre os políticos, essa "política da história", é a insegurança do presente e a incerteza do futuro. O passado é um vasto recipiente que contém todo tipo de coisa. Você pode pegar o que quer que aconteça para servir aos seus propósitos e deixar de lado o resto. Em consequência, existem várias dezenas de versões de uma mesma história. A memória histórica é usada de maneira seletiva para promover interesses partidários particulares. Isso é o que estamos vendo hoje. É o oposto do que Leopold von Ranke disse que os historiadores deveriam fazer, ou seja, escrever tudo "como realmente aconteceu".

PH: Uma coisa impossível de fazer.

ZB: Claro, escrever a história da maneira que realmente aconteceu é impossível. Toda narrativa histórica é seletiva; não poderia ser de outra forma. Você se lembra do conto de Jorge Luis Borges "Funes, o Memorioso"?[3] Em consequência da queda de um cavalo, Funes adquire uma enfermidade muito estranha. Ele é incapaz de generalizar, de fazer afirmações gerais.

PH: Mas ele se lembra de cada detalhe de sua vida.

ZB: Ele não consegue entender por que um cachorro que está correndo se enquadra no mesmo conceito de um cachorro que está sentado. Por isso, é incapaz de contar uma história, porque contá-la levaria exatamente o mesmo tempo que os próprios eventos. Isso é o que acontece hoje. Quando pensamos no futuro, podemos imaginar apenas o caos, porque o futuro contém muitas possibilidades assustadoras para que possamos enumerá-las todas. E quando olhamos para trás — daí o meu "retrô" — é o mesmo. Há toda uma gama de coisas de que podemos nos servir, e quem quer que, com quaisquer intenções, mergulhe no passado voltará com um produto diferente. Em *Retrotopia*, tento colocar essas ideias numa espécie de ordem. Mas está longe de ser fácil. José Saramago escreveu muito bem sobre isso. Ele é um dos romancistas que mais admiro, e também, creio, um filósofo importante: seus romances podem ser lidos como afirmações filosóficas. Em uma de suas anotações no diário, ele descreveu um sentimento que compartilho. Ele disse que, ao olhar para trás — tinha então 86 anos —, estava triste porque não fora capaz de compartilhar com outros as poucas ideias sábias que tivera. Ele as apresentara, mas ninguém as aceitara. Elas não haviam exercido nenhuma influência. Então faz a si mesmo uma pergunta radical: por que pensamos? Sua resposta é que pensamos da mesma forma que suamos. Não podemos fazer nada a respeito; não podemos evitar. Bem, essa é a razão pela qual eu penso. Não posso evitar. É um longo treinamento, de uma vida inteira: um exercício, na verdade.

PH: Com qual ideia você está mais preocupado?

ZB: Como as palavras se tornam atos — esse é o problema do qual não consigo me livrar. Como podemos enfrentar a crescente desigualdade — essa é a questão mais próxima do meu coração. É um fenômeno muito interessante.

· 9 ·

Presente e futuro

Lixo humano: Quem são as bruxas
da sociedade moderna?

PETER HAFFNER: Para você, a moda é um exemplo do que a sociedade
de consumo fez de nós. Nada de bom, não é?

ZYGMUNT BAUMAN: A moda gira em torno da ideia de que tudo
que compramos deve ser logo descartado. Há roupas boas que
ainda poderiam ser usadas, mas, como estão fora de moda, temos
vergonha de sermos vistos com elas. No escritório, o chefe nos
olha e diz: "Como você ousa aparecer vestido desse jeito?". Quando vão para a escola com o tênis do ano passado, as crianças são
ridicularizadas. Há pressão para se conformar. Paradoxalmente,
quem segue a moda acredita que se destaca na multidão.

PH: A moda é um exemplo relativamente inofensivo de como a sociedade de consumo se especializa na produção de lixo. Um assunto
mais sério é o que você chama de "produção de lixo humano".[1] Por
que você classifica os desempregados como lixo?

ZB: Porque a sociedade não tem mais nenhuma utilidade para
eles, e suas vidas são consideradas sem valor, tal como a vida
dos refugiados. Esse é o resultado da globalização, do progresso
econômico. O número de pessoas que perderam seus empregos

na esteira da marcha triunfante do capitalismo em todo o mundo continua a aumentar e logo alcançará os limites do que o planeta pode suportar. A cada posto avançado que o mercado de capitais conquista, o mar de homens e mulheres que são despojados de suas terras, propriedades, empregos e redes de segurança social cresce aos milhares, ou mesmo milhões. Isso cria um novo tipo de subclasse, uma classe de consumidores fracassados. Eles não têm mais lugar na sociedade. Não sabemos mais onde os colocar, agora que os locais de descarte são escassos e as áreas para as quais costumávamos exportar trabalhadores excedentes não estão mais disponíveis. O sucesso da democracia do Estado do bem-estar social se baseou por muito tempo nessa possibilidade. Hoje, cada canto do nosso planeta está ocupado. Isso é o que há de novo na crise atual.

PH: E o que dizer dos refugiados que nos procuram em busca de abrigo?

ZB: Em 1950, as estatísticas oficiais já contavam 1 milhão de refugiados, a maioria dos chamados "deslocados" da Segunda Guerra Mundial. Hoje, de acordo com dados da ONU, esse número subiu para 65 milhões. Em 2050, haverá cerca de 1 bilhão de refugiados exilados, desviados para a terra de ninguém dos campos de trânsito. Refugiados, migrantes, marginalizados — há sempre mais dessa gente.

PH: Como sabemos que não é um fenômeno temporário?

ZB: Tornar-se interno de um campo de refugiados significa ser expulso do mundo e da humanidade. Refugiados não são apenas excedentes, mas também supérfluos. O caminho de volta à sua terra natal perdida está para sempre bloqueado. Os ocupantes dos campos são privados de todas as características de sua identidade, com uma exceção: o fato de serem refugiados. Sem Estado, sem lar, sem função, sem papéis. Permanentemente marginalizados, eles também estão fora da lei. Como observa o antropólogo francês Michel Agier em seu estudo sobre os refugiados na era da globalização, eles não estão fora desta ou daquela lei neste ou outro país, mas fora da lei totalmente.[2]

PH: Você diz que os campos de refugiados são semelhantes aos laboratórios nos quais o novo modo de vida permanentemente temporário da modernidade líquida é testado.

ZB: No mundo globalizado, os que pedem asilo e os chamados refugiados econômicos se assemelham coletivamente à nova elite do poder, à indústria financeira e às grandes corporações, que são na realidade os verdadeiros vilões desse drama. Tal como essa elite, eles não estão presos a um local fixo. São erráticos e imprevisíveis.

PH: Hoje, a maior parte das guerras, inclusive os conflitos mais cruéis e sangrentos, é travada por atores não estatais. Para você, essa desregulamentação da guerra é outra consequência sinistra da globalização. Quem são esses atores?

ZB: Eles são os retardatários da modernidade. Eles se sentem forçados a agir por iniciativa própria a fim de encontrar soluções locais para problemas globais. Os resultados são guerras tribais, massacres, exércitos de guerrilheiros saqueadores e gangues de criminosos que posam de lutadores pela liberdade. Eles se massacram, absorvendo e ao mesmo tempo eliminando o excesso de população — sobretudo jovens que não têm chance de encontrar trabalho e uma vida futura que valha a pena viver. Essa é uma das soluções locais perversas para um problema global. Em suma, é o imperialismo dos pobres. Centenas de milhares de pessoas são tiradas de suas casas, assassinadas ou expulsas de seus países. Talvez a única indústria florescente nos chamados países em desenvolvimento, os países desses retardatários da modernidade, seja a produção em massa de refugiados.

PH: O que os governos poderiam ou deveriam fazer em relação a esses "produtos residuais da modernidade"?

ZB: Os governos nada podem fazer contra as elites do poder global, e por isso se dedicam a outras questões de destaque que lhes permitem parecer eficazes. O ponto essencial é que tudo o que fizerem deve estar dentro de suas possibilidades. Os governos auxiliam e estimulam os preconceitos populares porque não querem enfrentar as fontes genuínas da incerteza existencial que perturba seus eleitores. Os que buscam asilo assumem o papel que antes era reservado às bruxas, aos duendes e fantasmas do folclore e das lendas.

PH: Você diz que nesse processo as democracias do Estado de bem-estar social se tornaram Estados de segurança. O que distingue os dois?

ZB: O Estado de bem-estar tem como modelo uma sociedade baseada na inclusão. O Estado de segurança faz exatamente o oposto: exclui a sociedade por meio de punição e encarceramento. A indústria da segurança se torna então responsável pelo descarte do lixo humano. Um elemento do Estado de segurança é o setor prisional com fins lucrativos, como, por exemplo, nos Estados Unidos, Reino Unido, Canadá, Austrália, Chile e África do Sul.

PH: Os partidos de direita que agora definem a agenda em toda a Europa aceleraram esse desenvolvimento em direção ao Estado de segurança. Eles são apoiados por uma mídia que fornece uma plataforma para as pessoas que têm medo da "superpopulação" e procuram vincular a questão do "asilo" ao "terror".

ZB: O sucesso dos partidos radicais de direita se baseia em um fato visível: a imigração. E a origem de tudo é atribuída a ela. Por que existe desemprego? Por causa dos imigrantes. Por que a educação em nossas escolas é tão ruim? Por causa dos imigrantes. Por que o crime está aumentando? Por causa dos imigrantes. Se ao menos pudéssemos mandá-los de volta para o lugar de onde vieram, todos os nossos problemas desapareceriam. Isso é uma ilusão. Há razões mais importantes para ter medo do que alguns milhares — ou algumas centenas de milhares — de imigrantes. Mas isso funciona. É um consolo psicológico: "Eu sei o que está me incomodando. Tenho uma coisa à qual posso atribuir meus medos".

PH: O imigrante é o para-raios da insegurança gerada pela economia.

ZB: Não só disso, mas também de outros medos. O imigrante ilegal passa a personificar todos os tipos de ameaças, contra as quais o Estado moderno promete proteger seus súditos: assassinos em série, assaltantes, assediadores, mendigos, pedófilos — o que for. E, é claro, terroristas. Essa subclasse é enormemente útil para uma sociedade em que nenhuma profissão ou comércio está certo de sua utilidade a longo prazo e, portanto, de seu valor de mercado a longo prazo. Tudo pode ser descarregado sobre essa subclasse. Ela serve como uma válvula de escape para a raiva acumulada em relação às condições de uma sociedade que não se pode mudar. O que mais se teme hoje é a maldade humana e os malfeitores humanos.

PH: Você pinta um quadro sombrio do futuro. Você também encontra pouca coisa para gostar na tecnologia moderna — por exemplo, a internet. Mas ela não tem muitas vantagens? As redes sociais foram usadas com sucesso por movimentos democráticos como a Primavera Árabe. Quais são as desvantagens?

ZB: Quando se trata de destruir alguma coisa — derrubar um governo —, ela pode ser útil. O ponto fraco desses movimentos é que eles têm apenas planos vagos para o dia seguinte. Pessoas indignadas são virtualmente todo-poderosas como força de demolição. Elas ainda precisam mostrar que são igualmente capazes de construir algo novo.

PH: A internet não só permitiu a comunicação global como também está mudando a maneira de nos comunicarmos.

ZB: Hoje, há alguém em algum lugar com quem podemos entrar em contato 24 horas por dia, sete dias por semana. Você sempre pode encontrar alguém sentado diante de um computador. Você nunca está sozinho. Mas se estiver off-line, terá experiências que não pode ter na frente de um computador. Ao voltar do trabalho para casa, você não pode evitar encontrar todo tipo de gente, estranhos que têm uma aparência diferente, se comportam de maneira diferente e falam línguas diferentes. Você se dá conta de que está rodeado de pessoas que não são como você. Elas não têm a mesma visão do mundo ou as mesmas ideias que você. Envolver-se com elas requer diálogo. Você percebe que a negociação é uma tarefa importante que deve ser feita de alguma forma. Na internet, não é assim. Todas as pesquisas mostram que quem se comunica pela internet gravita em torno de pessoas com ideias semelhantes. A negociação é desnecessária porque elas já estão mais ou menos de acordo. Elas criam algo que é impossível criar na vida real: uma câmara de eco. Tudo o que você ouve é sua própria voz ecoando de volta para você. Mas falar com pessoas que dizem as mesmas coisas que você não é um diálogo. Também podemos pensar nisso como uma sala de espelhos: para onde quer que olhe, você vê sua própria semelhança. Quem passa muito tempo na internet começa a ignorar a realidade que existe além de seu círculo de amigos. Posso entender que isso é muito reconfortante e tranquilizador. Você se sente seguro. Você vive sob a ilusão de que está certo e de que todos os outros estão errados. Esses outros existem, mas não são importantes. E mesmo que acabe discutindo com alguém na internet, você pode simplesmente sair dela. Não precisa negociar. Na vida real, não é tão fácil. A internet é uma ferramenta que aproxima gente de todo o mundo, mas também divide pessoas. As trincheiras partidárias que ela cria são mais profundas e mais difíceis de transpor do que as da vida real, onde podemos encontrar um terreno comum por meio de acordos e engajamento pessoal.

Presente e futuro 123

PH: O progresso técnico sempre levou a mudanças na sociedade. Hoje, porém, você diz que ele envolve mais que isso. Por quê?

ZB: Porque não estamos mais desenvolvendo tecnologias apenas para encontrar os meios mais adequados para nossos fins. Em vez disso, estamos permitindo que nossos objetivos sejam determinados pelos meios de tecnologia disponíveis. Não desenvolvemos meios para fazer o que queremos que seja feito. Fazemos o que é possível pelos meios. As coisas que devem nos servir nos tomam a seu serviço. Somos seus escravos.

PH: Mas não foi sempre assim? Da invenção da roda à fissão nuclear, os avanços tecnológicos foram usados para todos os tipos de propósitos, bons e maus.

ZB: Essa é uma questão de dimensão. Claro que a tecnologia sempre influenciou a maneira como vivemos, e as mudanças foram muitas vezes recebidas com críticas. Foi o que aconteceu quando Gutenberg inventou a imprensa. Entre as classes instruídas, havia uma opinião amplamente difundida de que ela levaria à decadência moral. "Todo mundo vai aprender a ler", reclamaram. Elas eram da opinião de que as classes mais baixas não deveriam ser educadas, porque isso enfraqueceria sua disposição para o trabalho.

PH: Mas esse também é o caso da internet. Ela deu a milhões de pessoas de áreas pobres do mundo um acesso à educação que antes não estava disponível para elas. Então por que você reclama?

ZB: Historicamente, o desenvolvimento da tecnologia tendeu a ocorrer em pequenas etapas. Havia inovações aqui e ali, mas não em escala global, não com impacto revolucionário, e não de uma maneira que mudasse toda a sociedade e seu modo de vida. As inovações foram absorvidas e adaptadas e passaram a fazer parte do dia a dia. Hoje é diferente. As mudanças provocadas pela tecnologia são enormes e exibem tendências totalitárias. Um dos oligarcas da Rússia, Dmitry Itskov, lançou sua "Iniciativa 2045", um projeto de pesquisa que visa tornar o cérebro humano supérfluo. Ele está financiando o desenvolvimento de uma máquina eletrônica que se destina a pensar como um ser humano. Se é mesmo realista, não sei dizer. Mas o fato de alguém ter uma ideia dessas é uma novidade. Pela primeira vez, nosso pensamento é ameaçado por máquinas.

PH: Você insiste que o futuro não pode ser previsto. Mas os prognósticos não são importantes se quisermos tomar as decisões certas sobre o que fazer aqui e agora?

ZB: Mas as previsões são impossíveis. Meu exemplo favorito é a história de uma disciplina acadêmica, felizmente extinta, chamada sovietologia. A sovietologia foi uma disciplina ímpar na história da academia: a única que nunca sofreu cortes no orçamento. Não importava quantas cadeiras os sovietólogos quisessem criar, periódicos que quisessem fundar, conferências que quisessem realizar, eles sempre conseguiam o que queriam. Nunca faltavam recursos porque era uma questão de vida ou morte. Governos e homens de negócios nunca ousariam criar obstáculos porque se entendia que os sovietólogos estavam perseguindo um objetivo prático imensamente importante: salvar a humanidade da destruição.

PH: Isso foi durante a Guerra Fria.

ZB: Tudo bem, mas o que aconteceu? Apesar de todas as conferências, cadeiras e periódicos, não houve um único sovietólogo que tivesse previsto o que realmente aconteceu: o colapso pacífico da União Soviética. Essa possibilidade não estava no radar deles porque os sovietólogos sempre consideraram apenas duas teorias: a teoria da convergência e a teoria da destruição mútua. A teoria da convergência postulava que os capitalistas aprenderiam com os comunistas e os comunistas com os capitalistas, e que os dois sistemas convergiriam gradualmente até que se tornasse impossível separá-los. Terminaríamos numa espécie de consenso mundial. A outra teoria era chamada de MAD, a sigla em inglês para "destruição mutuamente assegurada" — o "equilíbrio do terror" ou "impasse nuclear" —, uma situação em que cada lado é tão forte que qualquer guerra terminaria com a destruição total de ambos. Nenhum sovietólogo foi capaz de prever que o comunismo entraria em colapso em consequência de seu próprio absurdo e estupidez, sua incapacidade de cumprir suas promessas; que não haveria um choque, mas um colapso. Houve alguns escritores criativos e profetas autoproclamados que vez ou outra consideraram a possibilidade, mas ninguém da disciplina da sovietologia. Para os cientistas, essa hipótese não existia.

PH: Mas o que é verdade sobre a sovietologia não precisa ser válido para todas as tentativas de prever o futuro.

ZB: Precisa sim, e por razões lógicas. Leszek Kołakowski postulou isso de forma muito clara. A futurologia, disse ele, é uma das maiores farsas da história do pensamento, pois busca ser a ciência de algo que não só não existe como também não pode existir. O futuro, por definição, é algo que ainda não existe; e, depois que existe, não é mais o futuro, mas o presente. Uma ciência do futuro é impossível: não pode haver ciência sem objeto. A razão não é que sejamos muito estúpidos, incompetentes ou algo assim. É impossível em princípio.

PH: É difícil fazer previsões, ainda mais sobre o futuro, como dizem.

ZB: Quando eu ainda lecionava, sempre que se aproximava a hora dos exames e os alunos começavam a ficar nervosos e agitados, eu lhes prescrevia uma leitura especial como uma espécie de terapia, para distraí-los e acalmá-los. Eu recomendava um livro sobre futurologia publicado vinte anos antes. Como isso os fazia rir!

PH: Mas o fato de que o futuro não pode ser previsto por razões ontológicas não nos impede de sempre tentar prever.

ZB: Essas tentativas nunca serão abandonadas. Existe um anseio — é preciso que se faça isso. Ernst Bloch, como muitos outros filósofos, insistia no fato de que, como seres humanos, somos natural e culturalmente orientados para o futuro. Ao contrário de outros animais, somos capazes de imaginar o que não existe. Além do mais, nossa linguagem inclui a palavra "não", o que significa que — de novo, ao contrário de outros animais — podemos negar algo que realmente existe. Os animais se comunicam entre si, enviam sinais uns aos outros, mas tudo isso permanece vinculado ao presente. Temos o tempo futuro em nosso idioma. Podemos falar de maneira respeitosa e sem fazer papel de idiotas sobre coisas que não existem, ou ainda não existem. A faculdade da imaginação é um pré-requisito indispensável da vida humana, e é graças ao tempo verbal do futuro que a possuímos. Os esforços para prever o futuro não podem ser eliminados do pensamento humano.

PH: Mesmo se eles continuarem a falhar.

ZB: Seria bom se pudéssemos aceitar que o importante não é o resultado desses esforços, mas os próprios esforços. Eles são de enorme importância na vida. Mas é um erro pensar que se trata de um empreendimento que pode ser levado a qualquer tipo de conclusão satisfatória. O sociólogo americano Robert Merton nos deu os conceitos de "profecia autorrealizável" e "profecia contraproducente". De fato, são fenômenos reais. Nosso comportamento leva a certos resultados e torna uma profecia verdadeira ou falsa.

PH: Há muitas evidências disso: por exemplo, o "efeito Baskerville", nome tirado do romance de Arthur Conan Doyle *O cão dos Baskerville*.[3] Americanos de origem chinesa e japonesa sofrem ataques cardíacos fatais com particular frequência no quarto dia do mês porque

Presente e futuro 127

quatro é considerado um número de azar nessas culturas — num exemplo de profecia que se autorrealiza. Se, no entanto, um partido político prevê antes da eleição que está caminhando para uma vitória esmagadora, muitos apoiadores podem se abster de votar porque o resultado parece estar no bolso — uma profecia contraproducente. As profecias bíblicas, no entanto, têm um significado totalmente diferente, não é?

ZB: Diferente dos professores universitários, os profetas da Bíblia não queriam que suas profecias se cumprissem. Ao contrário, queriam alertar as pessoas. Queriam lutar para evitar que coisas ruins acontecessem. Os professores universitários ficam orgulhosos quando uma previsão se revela correta, mesmo que seja pessimista. Isso significa uma promoção!

PH: Você é muito crítico em relação à nossa sociedade contemporânea e, de vez em quando, há vislumbres do marxista que você foi.

ZB: Aprendi muito com Marx. E ainda estou apegado à ideia socialista de que o critério para julgar uma sociedade é se ela permite que seus integrantes mais fracos tenham uma vida decente.

PH: Por outro lado, você também é um pessimista. O poder do novo capitalismo é tão grande que há muito pouco espaço para uma alternativa. Isso não é motivo para desespero?

ZB: No final das minhas palestras, alguém geralmente levanta a mão e pergunta por que sou tão pessimista. Só quando falo sobre a União Europeia é que as pessoas me perguntam por que sou tão otimista. Os otimistas acreditam, como Leibniz, que este é "o melhor de todos os mundos possíveis".[4] E os pessimistas temem que os otimistas estejam certos. Eu não pertenço a nenhuma dessas duas facções. Há uma terceira categoria, na qual me incluo: a da esperança.

PH: Em que essa categoria se baseia?

ZB: Quando se trata de pessimismo e otimismo, há duas atitudes. Uma é a de Antonio Gramsci, que disse: "A curto prazo, sou pessimista; a longo prazo, sou otimista". Isso é muito sábio. Os problemas não podem ser resolvidos imediatamente, mas ainda há esperança. No longo prazo, eles serão resolvidos de alguma forma. A outra atitude vem de Stuart Hall, o sociólogo britânico nascido na Jamaica. Ele foi o fundador dos estudos culturais, um homem negro que contribuiu enormemente para o desenvolvimento da ideia de cultura, que ainda era quase desconhecida quando vim para a Inglaterra em 1971. Naquela época, eu precisava explicar para meus colegas de departamento — não para meus alunos — do que se tratava. O conceito de cultura não existia no ensino acadêmico. Mas Stuart Hall introduziu o elemento da cultura no pensamento sociológico. Ele disse: "Sou pessimista no intelecto mas otimista na vontade".[5]

PH: Isso é maravilhoso. Lembra-me Martinho Lutero: "Mesmo se eu soubesse que o mundo ia acabar amanhã ainda hoje plantaria minha macieira".

ZB: Não acho que haja uma grande diferença entre o otimista e o pessimista. Apenas não acredito que vivemos no melhor dos mundos possíveis e, apesar de tudo que vivi, nunca perdi a fé numa alternativa, na possibilidade de um mundo melhor e mais justo. Portanto, não sou otimista nem pessimista. Eu me considero um "homem que tem esperanças".

PH: Em suas memórias da Polônia do pós-guerra, Janina escreve que você passou por vários períodos de desespero: em 1953, quando sua carreira militar terminou abruptamente; em 1968, quando perdeu sua cadeira na Universidade de Varsóvia durante o expurgo antissemita; e depois, ao se ver como emigrante na Grã-Bretanha, em Londres e em Leeds, quando se sentiu terrivelmente só. Mas Janina também diz

que você tem "um raro dom de transformar a escuridão em brilho, de transformar pequenos infortúnios numa ocasião para a felicidade nunca ser esquecida".[6] De onde vem essa capacidade?

ZB: O "raro dom para transformar a escuridão em brilho" — bem, essa era a opinião de Janina. Foi o que ela escreveu em seu livro. Acho que ela quis dizer que, para mim, o fato de algo fracassar não prova que seja impossível. É preciso continuar e tentar novamente. Você comete um erro. Na próxima vez, com alguma sorte, você se sairá melhor, e será melhor. O dom de transformar a escuridão em brilho? Bem, eu não quero abandonar a esperança.

PH: Seus pais também eram assim? Sua mãe ou seu pai?

ZB: Meu pai era um homem maravilhoso. Eu valorizo minhas memórias dele por dois motivos: em primeiro lugar, ele era extremamente honesto — sincero demais, eu diria. Pela sua honestidade quase perdemos nossas vidas ao fugir de Poznań. Nosso trem parou numa estação porque os alemães o estavam bombardeando, e ele não queria que fugíssemos antes de encontrar um guarda e pagar as passagens. Em segundo lugar, era um homem altruísta. Nunca pensava em seus próprios interesses. Dedicava-se totalmente à família e fazia o que podia para que fôssemos felizes. Não havia muito que ele pudesse fazer — em primeiro lugar, pela situação, e em segundo lugar, em virtude de seu caráter, que era totalmente inadequado para aquela situação. Ele era um pensador nato. Só ficava feliz à noite. Não sei como ele fazia isso. Voltava para casa do trabalho, mas às nove horas, quando seus filhos e sua esposa iam para a cama, ele acendia uma vela e lia. No entanto, quaisquer que fossem os benefícios que tirava disso, ele os sacrificou para cuidar da família. Não acho que ele tinha esperança. Tinha um senso de dever muito profundo, e isso o mantinha vivo.

PH: Como ele, você não se desesperou, mesmo quando teve todos os motivos para isso.

ZB: Não se esqueça de que Janina teve muito mais motivos para desespero em sua vida do que eu. Nunca estive no gueto. Ela esteve. Ao todo, só vivi sob o domínio nazista por duas semanas. E mais tarde, na única vez em que encontrei nazistas eu estava com um rifle nas mãos. Nunca vivi o desespero de quem sabe que está destinado à aniquilação. Janina viveu. Ela era magnífica. Entre 1939 e 1945, ela enfrentou a morte muitas e muitas vezes. Quando você lê *Inverno na manhã: Uma jovem no gueto de Varsóvia*, suas memórias daqueles anos terríveis, há momentos...[7] Em uma ocasião, ela estava escondida com a mãe e a irmã num porão. Um grupo de soldados alemães entrou com tochas e iluminou o porão. Eles se aproximavam cada vez mais, até que um dos soldados gritou de repente: "Pronto. Não há ninguém aqui". Eu nunca vivi algo assim. Todos os meus momentos difíceis tiveram um final feliz.

PH: Você tem uma queda pelos "azarões", pelos perdedores, pelos socialmente desfavorecidos — especialmente por aqueles que, não obstante, continuam tentando. De onde vem isso?

ZB: Olhando para o passado, isso vem do meu amor pelo time de futebol Polônia Varsóvia. Esse caso de amor começou em 1937, quando o clube lutou bravamente e com sucesso para chegar à primeira divisão, antes de vencer o Ruch Chorzów — os campeões imbatíveis do futebol polonês por muitos anos — por 4×0 no campo do próprio campeão. Mais ou menos na mesma época, li a fábula das duas rãs que caem numa tigela de leite. A primeira grita: "Pronto! Vou me afogar". E é o que acontece. A outra não diz nada, mas põe toda a sua energia numa tentativa desesperada de se manter à tona. Com as quatro patas, ela nada incansavelmente. O leite se transforma aos poucos em manteiga, e a rã consegue pisar na manteiga e finalmente pular para a liberdade. Acho que a coincidência acidental desses dois eventos filosoficamente significativos desempenhou um papel formador em minha vida — ou, melhor, em minha filosofia de vida. Sim, eu tenho uma queda pelo azarão obstinado. Eu vi o Polônia Varsóvia jogar pela primeira vez onze anos depois que me apaixonei pela equipe à distância. O clube retribuíra generosamente meu investimento emocional. Ao longo dos anos tenho sido um torcedor, e o Polônia Varsóvia alternou entre períodos de mau desempenho e períodos de esperança.

PH: Como o seu "princípio de esperança" — se é que posso usar o termo de Ernst Bloch — combina com sua admiração por Michel Houellebecq, indiscutivelmente um dos autores contemporâneos mais deprimentes?

ZB: Eu gosto de Houellebecq em virtude de seu olhar aguçado e seu dom para detectar o geral no específico, descobrindo e extrapolando seu potencial interno, como no romance *A possibilidade de uma ilha*, a distopia mais perspicaz até agora sobre a sociedade desregulada, fragmentada e individualizada da modernidade líquida.[8] Ele é muito cético e desprovido de esperança, e fornece muitas boas razões para sua avaliação. Não concordo totalmente com sua posição, mas acho difícil refutar seus argumentos. É uma distopia que pode ser comparada à de Orwell em *1984*. Orwell escreveu sobre os medos de sua geração, enquanto Houellebecq descreve o que acontecerá se continuarmos assim: o último estágio de solidão, a separação e a falta de sentido da vida.

PH: O que há, então, de esperança?

ZB: Falta algo extremamente importante no retrato da situação feito por Houellebecq. A impotência da política e a impotência do indivíduo não são as únicas culpadas pela desolação das perspectivas atuais, e, exatamente por isso, o atual estado de coisas não exclui a possibilidade de uma reversão. Pessimismo — isso é passividade, não fazer nada porque nada pode ser mudado. Mas eu não sou passivo. Eu escrevo livros e penso, e estou apaixonadamente engajado. Meu papel é alertar as pessoas sobre os perigos e fazer alguma coisa a respeito disso.

· 10 ·

Felicidade e moral

A vida boa: O que significa tirar os sapatos
que estão apertados demais?

PETER HAFFNER: O conceito de responsabilidade desempenha um papel importante em seu pensamento. Você fala de uma "responsabilidade pela responsabilidade". O que você quer dizer com isso?

ZYGMUNT BAUMAN: Tudo o que fazemos tem um efeito na vida dos outros. Não gostamos de pensar nisso. O que chamo de "responsabilidade pela responsabilidade" é o reconhecimento moral dessa responsabilidade objetivamente atribuída.

PH: Isso significa que, em todas as nossas decisões, somos confrontados com uma escolha entre o certo e o errado, o bem e o mal?

ZB: Antes mesmo de sabermos o que são o bem e o mal, deparamos com essa escolha no momento em que encontramos outra pessoa. Somos seres morais inescapável e existencialmente encarregados de assumir a responsabilidade por nossos semelhantes. Essa escolha nos coloca numa situação ambivalente. A vida moral é uma vida de incerteza contínua. Ser moral significa assumir a responsabilidade por sua própria responsabilidade.

PH: De que modo a forma como a modernidade lida com essa ambivalência difere da maneira como ela era tratada em épocas anteriores?

ZB: Na era pré-moderna, esse fardo era enfrentado sobretudo por meio da religião. O fardo de ter tomado a decisão errada era aliviado retrospectivamente pela busca da absolvição do pecado cometido. Em contraste, o projeto moderno de remodelar o mundo de acordo com um plano racional prometia uma vida livre do pecado. O mundo não devia estar livre apenas de pecadores, mas do próprio pecado. O lugar dele foi tomado pela culpa. E a autoridade responsável por isso era a legislatura.

PH: E como a ética da modernidade difere da ética da pós-modernidade, ou "modernidade líquida", como você diria?

ZB: Na ética tradicional, era preciso seguir as regras. A moral pós-moderna, ao contrário, exige que todos assumam a responsabilidade por seu próprio comportamento. O ser humano se torna um errante, decidindo por si mesmo o que é bom e o que é mau. Isso seria ótimo se as relações interpessoais não fossem agora tão moldadas pelo consumismo.

PH: Dois pensadores éticos que influenciaram suas ideias, o filósofo e teólogo dinamarquês Knud Løgstrup e o filósofo franco-lituano Emmanuel Levinas, falaram da ação moral. Løgstrup diz que ela pressupõe "espontaneidade", uma ausência de premeditação. Para Levinas, se alguém perguntar por que deve agir moralmente, isso significa o fim da ação moral. É errado perguntar sobre a necessidade, ou mesmo apenas a conveniência, da moral?

ZB: Isso é o que os dois dizem. Agir moralmente, estar lá para o outro, nunca serve a um propósito. Não se espera obter lucro, ser admirado ou aclamado em público. Quando se trata de questões morais, não há "obrigação": a ação moral pressupõe a decisão livremente tomada pelo indivíduo. Um ato só é moral se não for calculista, se for feito espontaneamente e sem pensar, como um ato da humanidade. O conhecimento de que se pode tomar decisões certas e erradas é o solo em que a moral cresce.

PH: Portanto, a moral não surge de um sentimento de dever. Ela é inata.

ZB: Levinas diz que as perguntas "Por que devo agir moralmente?", "O que alguém fez por mim?" e "Por que devo fazer isso se ninguém mais faz?" não marcam o início, mas o fim da ação moral. Løgstrup afirma que, embora alguma regra diga para você fazer uma coisa porque isso é bom, seguir a regra não constitui comportamento moral. A ação moral pressupõe uma decisão livre. Ela diz respeito a cuidar, estar lá para o outro — o impulso de ajudar o outro sem pensar nisso. Knud Løgstrup era sacerdote de uma pequena paróquia na ilha de Funen antes de se tornar professor de ética e filosofia da religião na Universidade de Aarhus, na Dinamarca. Emmanuel Levinas deu aulas na Sorbonne, em Paris. É um mistério que esses dois homens, que partiram de pontos tão diferentes, viveram distantes e não leram o trabalho um do outro, tenham desenvolvido as mesmas ideias. Na física, isso é normal. Os físicos estudam o mundo material e, se um deles não fizer uma descoberta, mais cedo ou mais tarde alguém fará.

PH: Outra pessoa teria inventado a teoria da relatividade, mesmo que Einstein não tivesse feito isso. É o que acontece em todas as chamadas ciências duras.

ZB: Mas nas humanidades não é assim. Cada descoberta é mesmo uma conquista individual. Outra pessoa pode topar com essa descoberta por acaso, mas não necessariamente, não como resultado de uma lei. Mas Levinas e Løgstrup chegaram à mesma conclusão. Levinas articulou-a em termos de responsabilidade, e Løgstrup em termos de "demandas silenciosas". A ideia é a mesma — só é expressa em palavras diferentes. E é muito interessante quando se pensa sobre isso. Løgstrup diz que Jesus não poderia ter desenvolvido uma ética cristã, porque uma ética cristã teria produzido conformistas educados, e não indivíduos morais. Quando se fala em moral, não é uma questão de seguir um livro de regras, mas de reagir a uma demanda desconhecida e silenciosa. É responsabilidade de quem é chamado a decifrar a mensagem. A demanda não está articulada, nem precisamos reagir a ela. E se fizermos algo nunca teremos certeza, em retrospecto, de que fizemos tudo o que precisava ser feito. Nem saberemos se o que fizemos era a coisa certa a fazer, ou se estávamos à altura da tarefa. A moral faz parte do reino da incerteza. Essa posição se opõe às concepções da maioria dos filósofos morais, que consideram a moral um órgão de certeza. Nem Levinas nem Løgstrup têm qualquer esperança de que possamos alcançar a certeza em relação às questões morais.

PH: A moral é um fardo.

ZB: Não é uma receita para a felicidade. É a receita para uma vida difícil. A moral é um processo inacabado; não há ponto de descanso. O estado natural da pessoa moral é de incerteza perpétua.

PH: Essa compreensão da ética difere da de Kant, cujo imperativo categórico fornece uma diretriz clara sobre como agir: "Aja como se a máxima de tua ação devesse tornar-se, através da tua vontade, uma lei universal".[1] Isso é relativamente simples. Não ameaça nos mergulhar num estado de desespero e inadequação permanentes. O que Levinas e Løgstrup dizem não equivale a uma demanda irracional?

Felicidade e moral

ZB: Não acredito que a incerteza seja uma ameaça à moral. Ao contrário, é o único solo fértil em que ela pode crescer. E é precisamente a solidão dessa incerteza que proporciona uma esperança para a comunidade moral. Cada um é deixado por sua própria conta e deve assumir a responsabilidade individual. A ausência de compulsão, a incerteza da situação, dá origem a decisões certas e decisões erradas. Não há garantia de que a decisão certa será tomada, mas há esperança.

PH: O que a sociologia pode nos dizer sobre o motivo de os seres humanos tomarem determinadas decisões em situações morais?

ZB: Em seu estudo *Quando a luz perfurou as trevas*, a socióloga polonesa Nechama Tec investigou as motivações dos cristãos que arriscaram suas vidas para salvar os judeus da aniquilação.[2] Para sua própria surpresa, e para a surpresa de todos os especialistas, ela não conseguiu encontrar nenhum fator estatisticamente significativo subjacente à ação moral. Não há conexão entre a disposição de ajudar, de fazer sacrifícios e filiação a classe, renda, educação, religião ou orientação política. O motivo de pessoas diferentes se comportarem de maneiras diferentes na mesma situação continua um mistério. No fim, tudo se resume a personalidade e responsabilidade.

PH: No atual mundo da mídia da "aldeia global", testemunhamos tanta miséria, fome, doença e morte evitáveis que é difícil saber por onde começar.

ZB: O filósofo Hans Jonas escreveu sobre como fazer a coisa certa em nível global. Se temos profetas da desgraça de um lado, e otimistas que acreditam que vivemos no melhor dos mundos possíveis do outro, Jonas nos diz que devemos confiar nos profetas da desgraça. Não podemos saber as consequências de nossos atos e omissões, mas somos responsáveis por eles. O que alguém faz em Berlim pode ter efeitos imprevistos no futuro de Bangladesh. O mesmo se aplica a nós aqui e agora. Tudo o que fazemos determina as condições de vida de nossos netos que ainda não nasceram. Eles ainda não estão nesta terra, mas, ao usar os recursos do planeta, já estamos influenciando suas vidas. Estamos limitando a liberdade deles. Hoje, as consequências de nossas ações vão mais do que nunca além de nós. Em épocas anteriores, sabemos pela etnologia, os habitantes da Terra fizeram pequenas mudanças que influenciaram seu presente imediato e o futuro imediato. Há cerca de 100 mil anos, inventou-se a agulha. Você sabe quanto tempo demorou até que alguém tivesse a ideia de fazer um furo na ponta da agulha para prender a linha?

PH: Não.

ZB: Trinta mil anos! Levou um bom tempo. De uma forma ou de outra, o povo do paleolítico também influenciou o futuro sem saber disso. Mas isso não pode ser comparado à nossa situação atual.

PH: Em seu livro *A arte da vida*, você fala sobre a felicidade, tema abordado pelos filósofos da Antiguidade. Na modernidade, a felicidade se tornou algo a ser perseguido.

ZB: Tudo começou com a Declaração de Independência dos Estados Unidos em 1776, que proclama "vida, liberdade e busca da felicidade" como direitos humanos inalienáveis concedidos por Deus. Evidentemente, os seres humanos sempre preferiram ser felizes a ser infelizes. A evolução nos dotou de um impulso para buscar a felicidade. Do contrário, ainda estaríamos sentados em cavernas, e não nestas poltronas confortáveis. Mas a ideia de que cada um de nós tem o direito de persegui-la à sua maneira existe só a partir da modernidade. A proclamação de um direito humano geral à felicidade individual marcou o início da modernidade.

PH: Mas não parece menos difícil alcançar a felicidade hoje do que foi durante os tempos romanos, a era das filosofias de vida de Sêneca, Lucrécio, Marco Aurélio e Epicteto. O que felicidade significa para você pessoalmente?

ZB: Quando Goethe tinha mais ou menos a minha idade, perguntaram-lhe se ele tivera uma vida feliz. Ele respondeu: "Sim, tive uma vida muito feliz, mas não consigo pensar em uma única semana feliz". Eis uma resposta muito sábia. Eu sinto exatamente o mesmo. Em um de seus poemas, Goethe também disse que não há nada mais deprimente que um longo período de dias ensolarados.[3] A felicidade não é a alternativa para as lutas e dificuldades da vida. A alternativa a isso é o tédio. Se não houver nenhum problema a ser resolvido, nenhum desafio a ser enfrentado que exceda nossas capacidades, ficamos entediados. E o tédio é uma das aflições humanas mais comuns. A felicidade — e aqui concordo com Sigmund Freud — não é um estado, mas um momento, um instante. Sentimo-nos felizes quando superamos as adversidades. Tiramos um par de sapatos apertados que machucam nossos pés e nos sentimos aliviados e felizes. A felicidade contínua é terrível, um pesadelo.

PH: O economista britânico Richard Layard usa os resultados das pesquisas sobre felicidade em seu trabalho sobre economia. Em seu livro *Felicidade*, ele mostra que um aumento na renda ajuda apenas parcialmente a aumentar nosso sentimento de felicidade.[4] O que, então, podemos fazer para aumentar nossa felicidade?

ZB: Trabalhar duro. Um pintor que cria uma obra de arte, um matemático que se debate com um problema difícil, um jardineiro que planta algo e vê florescer — isso é felicidade. Você criou alguma coisa. No início do século XX, o sociólogo americano Thorstein Veblen introduziu o termo *workmanship* para se referir ao desejo de fazer um trabalho sólido. O orgulho de um bom trabalho, de enfrentar uma tarefa, de superar um obstáculo aparentemente intransponível — isso nos deixa felizes. Todo mundo tem isso dentro de si. Hoje perdemos o sentimento de alegria do nosso próprio trabalho, a sensação de prazer por fazer algo bem-feito. E com isso perdemos a autoconfiança e a capacidade de desfrutar uma sensação de felicidade. Pesquisas sugerem que cerca de metade do que é essencial para nosso contentamento não pode ser comercializada e, portanto, não pode ser comprada numa loja. Enquanto relacionarmos ser feliz com a compra de novos bens que prometem isso, a busca pela felicidade será infinita. Quanto mais nos aproximamos da meta, mais ela perde o poder de nos atrair e nos fazer felizes, por isso ela deve ser continuamente substituída.

PH: Se você está perseguindo esse tipo de felicidade, está, antes de tudo, preocupado com seu próprio bem-estar. Mas também é possível cuidar do bem-estar dos outros.

ZB: Sim, e é isso que nos deixa finalmente felizes. Mas a busca da própria felicidade e da felicidade do outro não são excludentes. A contradição entre egoísmo e altruísmo pode ser resolvida. Se você olhar apenas para o seu próprio interesse, não precisa se preocupar com o bem-estar dos outros. Mas cuidar dos outros também faz você se sentir melhor. O primeiro é o projeto de Nietzsche. Ele busca o egoísmo, a autorrealização e a autopromoção. Levinas se volta, de forma não menos radical, para o outro — para o cuidado do outro e a felicidade que deriva de estar lá para o outro.

PH: Você diz que somos todos especialistas na arte de viver. O que é a arte de viver?

ZB: É tentar o impossível. Nos entendermos como o produto do nosso próprio fazer e criar. Estabelecer para nós mesmos tarefas que dificilmente podemos realizar, como um pintor ou escultor. Buscar objetivos que excedem nossas possibilidades no momento. Julgar todas as coisas que fazemos — ou poderíamos fazer — de acordo com padrões que estão acima de nossas capacidades atuais. Não me canso de repetir: a incerteza é nosso habitat natural, mesmo que a esperança de transformá-la no oposto seja a força motriz por trás da nossa busca da felicidade.

PH: Você não só elaborou uma teoria da transição da modernidade "sólida" para a "líquida" como também a experimentou em primeira mão. O que você queria quando era jovem?

ZB: Quando jovem, como muitos de meus contemporâneos, fui influenciado pela ideia de Sartre de um "projeto de vida". Crie o seu próprio projeto de vida e caminhe em direção a esse ideal, pelo caminho mais curto e direto. Decida que tipo de pessoa você quer ser, e então você terá a fórmula para se tornar essa pessoa. Para cada tipo de vida, há um certo número de regras que você deve seguir, uma série de características que deve adquirir. A vida, segundo Sartre, avança passo a passo ao longo de um percurso que está determinado, do princípio ao fim, antes de iniciarmos a jornada.

PH: É o equivalente secular do caminho cristão para a salvação.

ZB: Sim, e a suposição, como no caso do caminho cristão para a salvação, era de que as coisas terão sempre o mesmo valor que têm agora. O mundo permanecerá estável. Os conselhos sobre quais características se deve adquirir e como adquiri-las são válidos aos oito anos, e serão válidos aos cinquenta. Você inicia um estágio aos dezesseis ou dezoito anos e sabe que, quarenta anos depois, se aposentará na mesma empresa com uma pensão. Isso parece absurdo para os jovens de hoje. Eles sabem que todo trabalho é momentâneo, que todos têm empregos temporários e que mudarão de emprego de quinze a vinte vezes durante a vida.

PH: Como você mencionou, a grande mudança ocorreu nos anos 1970, quando o *Wirtschaftswunder* ["milagre econômico"] do pós-guerra, ou *Les Trente Glorieuses* — as três décadas de reconstrução, paz social e otimismo após a guerra —, chegou ao fim. Foi um período excepcional na história do capitalismo, como Thomas Piketty mostrou em seu best--seller *O capital no século XXI*.[5]

ZB: Isso abriu caminho para o admirável mundo novo da sobre-carga de informações, desregulamentação desenfreada e consumismo frenético no Norte rico, e desespero e exclusão em grandes partes do resto do mundo. Em retrospecto, podemos reconhecer a década de 1970 como o ponto de inflexão decisivo na história da era moderna. No final daquela década, o contexto em que mulheres e homens enfrentavam os desafios da vida mudou radicalmente. Saberes seculares que haviam resistido ao teste do tempo deixaram de ser válidos, e estratégias de vida há muito estabelecidas precisaram ser completamente revistas.

PH: O que continuou estável?

ZB: A única entidade com expectativa de vida crescente hoje é o indivíduo, enquanto partidos políticos, movimentos, instituições, bancos, fábricas passam por mudanças frequentes. A expectativa de vida dessas coisas está diminuindo. Agora estamos estáveis, mas habitamos um ambiente em permanente mudança. Na minha opinião, isso levou a uma compreensão completamente diferente da vida.

PH: Você experimentou os regimes totalitários do século XX, o nacional-socialismo e o comunismo, depois a Europa Oriental pós-comunista e agora a sociedade capitalista pós-moderna multicultural da Grã-Bretanha. O que faz uma boa sociedade?

ZB: Não acredito mais que exista uma boa sociedade. Uma boa sociedade seria aquela que dissesse a si mesma: "Não somos bons o suficiente".

· Notas ·

Prefácio (*pp. 7-10*)

1. Isaiah Berlin, *The Hedgehog and the Fox: An Essay on Tolstoy's View of History*. Londres: Orion Books, 1992, p. 3. [Ed. port.: *O ouriço e a raposa: Ensaio sobre a visão histórica de Tolstói*. Lisboa: Guerra & Paz, 2020.]

2. As conversas com Zygmunt Bauman que formam a base deste livro aconteceram em 10 de fevereiro de 2014 e 21-23 de abril de 2016 em sua casa, em Leeds, Inglaterra. Além disso, ele me forneceu notas contendo informações biográficas e pensamentos sobre diversos temas, bem como trechos de seu livro *Retrotopia*, então no prelo, e me pediu para fazer uso de certas passagens dessas fontes como respostas a algumas de minhas perguntas, para que não precisasse se repetir na conversa. Ele também me pediu para recorrer, a certa altura, às respostas a duas perguntas que lhe foram dirigidas numa entrevista feita por Efrain Kristal e Arne de Boever e publicada sob o título "Disconnecting Acts" na *Los Angeles Review of Books* de 11-12 de novembro de 2014. No total, os trechos extraídos dessas fontes escritas somam cerca de uma dezena de páginas do livro. Minha entrevista de 2014 foi publicada em 4 de julho de 2015 sob o título "Die Welt, in der wir leben" [O mundo em que vivemos] na *Das Magazin* (o suplemento de sábado de *Tages-Anzeiger, Basler Zeitung, Berner Zeitung* e *Der Bund*).

1. Amor e gênero (*pp. 11-8*)

1. Zygmunt Bauman, *Liquid Love: On the Frailty of Human Bonds*. Cambridge: Polity, 2003. [Ed. bras.: *Amor líquido: Sobre a fragilidade dos laços humanos*. Trad. de Carlos Alberto Medeiros. Rio de Janeiro: Zahar, 2004.]

2. Janina Bauman, *A Dream of Belonging: My Years in Postwar Poland*. Londres: Virago, 1988, p. 109.

2. Experiência e lembrança (*pp. 19-35*)

1. Zygmunt Bauman, *The Art of Life*. Cambridge: Polity, 2008. [Ed. bras.: *A arte da vida*. Trad. de Carlos Alberto Medeiros. Rio de Janeiro: Zahar, 2009.]

2. A referência é ao já mencionado Corpo de Segurança Interna.

3. Janina Bauman, *A Dream of Belonging*, p. 109.

4. Svetlana Aleksievitch, *O fim do homem soviético*. São Paulo: Companhia das Letras, 2016.

5. Leszek Kołakowski, "The Death of Gods". In: _____. *Is God Happy? Collected Essays*. Nova York: Basic Books, 2013, pp. 5-19; aqui, p. 5.

6. Karl Marx, *The Eighteenth Brumaire of Louis Bonaparte*. Nova York: International Publishers, 1963, p. 32. [Ed. bras.: *O Dezoito Brumário de Luís Bonaparte*. Trad. de Nelio Schneider. São Paulo: Boitempo, 2011.]

7. Wiesław Myśliwski, *Ostatnie Rozdanie*. Cracóvia: Znak, 2013.

8. Efrain Kristal e Arne de Boever, "Disconecting Acts: An Interview with Zygmunt Bauman". *Los Angeles Review of Books*, 11 nov. 2014. Disponível em: <lareviewofbooks.org/article/disconnecting-acts-interview-zygmunt-bauman-part>.

3. Judaicidade e ambivalência (*pp. 36-49*)

1. Zygmunt Bauman, *Modernity and Holocaust*. Ithaca: Cornell University Press, 1989. [Ed. bras.: *Modernidade e Holocausto*. Trad. de Marcus Penchel. Rio de Janeiro: Zahar, 1998.]

2. Ver "Extract from the Speech by Adolf Hitler, January 30, 1939". Disponível em: <yadvashem.org/docs/extract-from-hitler-speech.html>.

3. Zygmunt Bauman, *Modernity and Ambivalence*. Cambridge: Polity, 1993. [Ed. bras.: *Modernidade e ambivalência*. Trad. de Marcus Penchel. Rio de Janeiro: Zahar, 1999.]

4. Intelecto e compromisso (*pp. 50-61*)

1. Ver George Orwell, "Why I Write". Disponível em: <orwellfoundation.com/the-orwell-foundation/orwell/essays-and-other-works/why-i-write>.

2. Ibid.

3. Ibid.

4. Zygmunt Bauman, *This Is Not a Diary*. Cambridge: Polity, 2012, p. 1. [Ed. bras.: *Isto não é um diário*. Trad. de Carlos Alberto Medeiros. Rio de Janeiro: Zahar, 2012.]

5. Norbert Elias, *O processo civilizador*, v. 1. Trad. de Rui Jungman. Rev. e apres. de Renato Janine Ribeiro. Rio de Janeiro: Zahar, 1990.

6. John Stuart Mill, *Princípios de economia política*. Trad. de Luiz João Baraúna. São Paulo: Abril Cultural, 1983, 2 v.

7. Umberto Eco, *O nome da rosa*. 2. ed. Trad. de Aurora Fornoni Bernardini e Homero Freitas de Andrade. Rio de Janeiro: Record, 2010.

Notas   147

5. Poder e identidade (*pp. 62-76*)

1. Franz Kafka, *O processo*. Trad. de Modesto Carone. São Paulo: Companhia de Bolso, 2005; *O castelo*. Trad. de Modesto Carone. São Paulo: Companhia das Letras, 2000.

2. Ver Bíblia do rei Jaime: Rm 11,33.

3. Carl Schmitt, *Political Theology: Four Chapters on the Concept of Sovereignty*. Chicago: University of Chicago Press, 2005. O texto foi originalmente publicado em 1922; a tradução é da edição revista de 1934. Em 1970, Schmitt publicou *Politische Theologie II: Die Legende von der Erledigung jeder Politischen Theologie* (*Political Theology II: The Myth of the Closure of Any Political Theology*. Cambridge: Polity, 2008), mas Bauman se refere claramente ao texto anterior à guerra.

4. Sigmund Freud, *O mal-estar na civilização*. Trad. de Paulo César de Souza. São Paulo: Companhia das Letras, 2011.

5. Richard Sennett, *The Fall of Public Man*. Londres: Penguin, 2003 [1977], p. 264. [Ed. bras.: *O declínio do homem público*. Trad. de Lígia Araújo Watanabe. São Paulo: Companhia das Letras, 1988.]

6. Aleksandr Soljenítsin, *Pavilhão de cancerosos*. Trad. de Áurea Weissenberg. Rio de Janeiro: Expressão e Cultura, 1968.

7. Ver Bíblia do rei Jaime: Jó 1,21.

6. Sociedade e responsabilidade (*pp. 77-96*)

1. Zygmunt Bauman, *Retrotopia*. Cambridge: Polity, 2017. [Ed. bras.: *Retrotopia*. Trad. de Renato Aguiar. Rio de Janeiro: Zahar, 2017.]

2. Benjamin Disraeli, *Sybil, or the Two Nations*. Oxford: Oxford University Press, 1998, p. 66; apud Bauman, *Retrotopia*, p. 86.

3. Zygmunt Bauman, *Retrotopia*, p. 88.

4. Ibid., p. 89.

5. J. M. Coetzee, *Diary of a Bad Year*. Londres: Vintage, 2008, p. 12. [Ed. bras.: *Diário de um ano ruim*. Trad. de José Rubens Siqueira. São Paulo: Companhia das Letras, 2010.]

6. Benjamin Barber, *If Mayors Ruled the World: Disfunctional Nations, Rising Cities*. New Haven: Yale University Press, 2013.

7. Ver também *Retrotopia*, pp. 155 ss.

8. Zygmunt Bauman, *Legislators and Interpreters: On Modernity, Post-Modenity and Intellectuals*. Cambridge: Polity, 1991. [Ed. bras.: *Legisladores e intérpretes: Sobre modernidade, pós-modernidade e intelectuais*. Trad. de Renato Aguiar. Rio de Janeiro: Zahar, 2010.]

9. Ver Bíblia do rei Jaime: Ap 21,5.

10. Na verdade, a citação não é de Sócrates (ou Platão), mas de Kenneth John Freeman, o qual, em sua dissertação de Cambridge em 1907 (*Schools of Hellas: An Essay on the Practice and Theory of Ancient Greek Education from 600 to 300 B.C.* Londres: Macmillan, 1907, p. 74), resumiu assim a visão que a Grécia Antiga tinha da juventude: "As acusações são de luxúria, maus modos, desprezo pela autoridade, desrespeito aos idosos e amor pela tagarelice em lugar do exercício". Essas frases instigaram a imaginação de muitos leitores e o erro da atribuição a Sócrates tem uma longa história. Para detalhes, ver: <quoteinvestigator.com/2010/05/01/misbehave>.

7. Religião e fundamentalismo (*pp. 97-108*)

1. Zygmunt Bauman e David Lyon, *Liquid Surveillance*. Cambridge: Polity, 2012. [Ed. bras.: *Vigilância líquida*. Trad. de Carlos Alberto Medeiros. Rio de Janeiro: Zahar, 2014.]

2. Zygmunt Bauman e Stanisław Obirek, *On the World and Ourselves*. Cambridge: Polity, 2015.

3. Id., *Of God and Man*. Cambridge: Polity, 2015.

4. Leszek Kołakowski, *Main Currents of Marxism*. Nova York: W. W. Norton, 2005, p. 1212. Haffner cita a edição alemã do livro de Kołakowski que traz *Unzulänglichkeit* [inadequação] em vez de "servidão".

5. Steven Weinberg, *Os três primeiros minutos do Universo: Uma discussão moderna sobre as origens do Universo*. Rio de Janeiro: Guanabara, 1980.

6. Harald Welzer, *Climate Wars: Why People Will be Killed in the Twenty--First Century*. Cambridge: Polity, 2012.

8. Utopia e história (*pp. 109-16*)

1. Zygmunt Bauman, *Socialism: The Active Utopia*. Nova York: Holmes & Meier, 1977.

2. George Orwell, *1984*. Trad. de Heloisa Jahn e Alexandre Hubner. São Paulo: Companhia das Letras, 2009.

3. Jorge Luis Borges, "Funes, o Memorioso". In: _____. *Ficções*. Trad. de Davi Arrigucci Jr. São Paulo: Companhia das Letras, 2007.

9. Presente e futuro (*pp. 117-32*)

1. Zygmunt Bauman, *Wasted Lives: Modernity and Its Outcasts*. Cambridge: Polity, 2004, p. 5. [Ed. bras.: *Vidas desperdiçadas*. Trad. de Marcus Penchel. Rio de Janeiro: Zahar, 1998.]

2. Michel Agier, *Aux Bords du monde: Les refugiés*. Paris: Flammarion, 2002.

3. Arthur Conan Doyle, *O cão dos Baskerville*. Trad. de Maria Luiza X. de A. Borges. Intr. e notas de Leslie S. Klinger. Rio de Janeiro: Zahar, 2012.

4. Gottfried Wilhelm Leibniz, *Theodicy: Essays on the Goodness of God, the Freedom of Man and the Origin of Evil*. Withorn: Anodos, 2017, p. 149.

5. A expressão costuma ser atribuída a Antonio Gramsci, que, em "Um discurso aos anarquistas" (1920), publicado em *L'Ordine Nuovo*, adotou-a de Romain Rolland (ver <libcom.org/history/address-anarchists-antonio-gramsci-1920>): "O conceito socialista de processo revolucionário tem duas caracte-

Notas 149

rísticas básicas que Romain Rolland resumiu em sua palavra de ordem: 'Pessimismo do intelecto, otimismo da vontade'". A formulação citada aqui foi usada por Gramsci numa carta de 19 de dezembro de 1929 (*Letters from Prison*. Nova York: Columbia University Press, 1994, p. 299 [ed. bras.: *Cartas do cárcere*, v. 1. Rio de Janeiro: Civilização Brasileira, 2005]; ver também a muito informativa nota 1, p. 300). Stuart Hall, por sua vez, adotou o lema de Gramsci.

6. Janina Bauman, *A Dream of Belonging*, p. 165.

7. Id., *Winter in the Morning: A Young Girl's Life in the Warsaw Ghetto*. Londres: Virago, 1986. [Ed. bras.: *Inverno na manhã: Uma jovem no gueto de Varsóvia*. Trad. de Carlos Alberto Medeiros. Rio de Janeiro: Zahar, 2005.]

8. Michel Houellebecq, *A possibilidade de uma ilha*. Trad. de André Telles. Rio de Janeiro: Record, 2006.

10. Felicidade e moral (*pp. 133-43*)

1. Immanuel Kant, *Critique of Practical Reason*. Cambridge University Press, 2015, p. 28. [Ed. bras.: *Crítica da razão prática*. Tradução de J. Rodrigues de Merege. Petrópolis: Vozes, 2016.]

2. Nechama Tec, *When the Light Pierced the Darkness: Christian Rescue of Jews in Nazi-Occupied Poland*. Nova York: Oxford University Press, 1987.

3. Johann Wolfgang Goethe, *Proverbs*. Morrisville: Lulu Press, 2014, p. 21. *Alles in der Welt läßt sich ertragen,/ Nur nicht eine Reihe von schönen Tagen*: "Pode-se suportar tudo no mundo/ Exceto uma sequência de dias lindos".

4. Richard Layard, *Felicidade: Lições de uma nova ciência*. Rio de Janeiro: Best Seller, 2008.

5. Thomas Piketty, *O capital no século XXI*. Trad. de Monica Baumgarten de Bolle. Rio de Janeiro: Intrínseca, 2014.

ESTA OBRA FOI COMPOSTA POR MARI TABOADA EM MINION PRO
E IMPRESSA EM OFSETE PELA GRÁFICA BARTIRA SOBRE PAPEL PÓLEN SOFT
DA SUZANO S.A. PARA A EDITORA SCHWARCZ EM MARÇO DE 2021

A marca FSC® é a garantia de que a madeira utilizada na fabricação do papel deste livro provém de florestas que foram gerenciadas de maneira ambientalmente correta, socialmente justa e economicamente viável, além de outras fontes de origem controlada.